V&R

Dienst am Wort

Die Reihe für Gottesdienst und Gemeindearbeit

93
Tauf- und Familiengottesdienste

Vandenhoeck & Ruprecht
in Göttingen

Tauf- und Familiengottesdienste

Herausgegeben
von Hans Freudenberg

Erarbeitet von:
Christel Alshuth, Martina Beckmann,
Sigrid Belitz, Reiner Bömcke, Hans Freudenberg,
Wilfried Hansel, Susanne Landsberg,
Britta von Lowtzow, Gabi Matzik, Karl Petersen,
Jürgen Stemkowicz, Andreas und Bärbel Taube

Grafik:
Martina Beckmann, Siegfried Krüger,
Mirja Stemkowicz

Vandenhoeck & Ruprecht
in Göttingen

Die Deutsche Bibliothek – CIP-Einheitsaufnahme

Tauf- und Familiengottesdienste / hrsg. von Hans Freudenberg.
Erarbeitet von Christel Alshuth ... –
Göttingen : Vandenhoeck und Ruprecht, 2001
(Dienst am Wort : 93)
ISBN 3-525-59500-X

© 2001, Vandenhoeck & Ruprecht in Göttingen
http://www.vandenhoeck-ruprecht.de
Printed in Germany. – Das Werk einschließlich aller seiner Teile ist
urheberrechtlich geschützt. Jede Verwertung außerhalb
der engen Grenzen des Urheberrechtsgesetzes ist ohne
Zustimmung des Verlages unzulässig und strafbar.
Das gilt insbesondere für Vervielfältigungen, Übersetzungen,
Mikroverfilmungen und die Einspeicherung und Verarbeitung
in elektronischen Systemen.
Satz: Weckner Fotosatz GmbH, Göttingen
Druck und Bindung: Hubert & Co., Göttingen

Inhalt

Abkürzungen

EG-RWL   Evangelisches Gesangbuch,
Ausgabe Rheinland / Westfalen / Lippe

EG-NB   Evangelisches Gesangbuch, Ausgabe Niedersachsen / Bremen

EG-BT   Evangelisches Gesangbuch, Ausgabe Bayern / Thüringen

SL   Singt dem Herrn. Schwerter Liederbuch, herausgegeben von Elsbeth Bihler, Walburga Schnock, Hans Heinz Riepe, Verlag des Bundes der Deutschen Katholischen Jugend (BDKJ), Paderborn 1990[7].

ML   Mein Liederbuch für heute und morgen, herausgegeben vom Arbeitskreis für Kulturelle Bildung und Medienarbeit der Jugendkammer der Evangelischen Kirche im Rheinland, Düsseldorf / PTI der Evangelischen Kirche im Rheinland, Bonn-Bad Godesberg, tvd-Verlag, Düsseldorf 1997.

P.   der Pastor / die Pastorin

Einführung

1. Neue Wege gehen

Bastian, Björn und Nicole sind am 18. Februar die Hauptpersonen im Gottesdienst unserer Christuskirche; die drei Täuflinge werden an diesem Sonntag getauft. Doch nicht die Taufe ist diesmal das Neue, sondern der „Rahmen", innerhalb dessen sich die Taufe vollzieht. Er soll Kinder und Erwachsene in gleicher Weise ansprechen und einbeziehen, soll familienfreundlich sein.

Viel gibt es in diesem Tauf- und Familiengottesdienst zum Thema „Gottes Hände halten mich" zu sehen und zu tun:

Eltern präsentieren stolz der Gemeinde deren jüngste Mitglieder. – Auf dem Tageslichtprojektor führen Kindergottesdienstkinder vor, was Hände alles können. – Eine Handmeditation nimmt die Gedanken auf und verdichtet sie. – Glück- und Segenswünsche für die Täuflinge werden von allen Gottesdienstbesuchern auf bunte Papierhände notiert oder gemalt und zu einer fröhlichen Collage zusammengefügt. – Auch das blumengeschmückte Taufbecken und die Lieder mit Begleitung durch Flöte und Gitarre schaffen an diesem Vormittag ein Stück Kirchentagsstimmung.

2. Wie alles angefangen hat

Die Grund-Erfahrung, die uns unsere Taufpraxis überdenken ließ, liegt elf Jahre zurück. Vier Kinder wurden an jenem monatlichen „Tauf-Sonntag" im Gottesdienst getauft. Eines der Taufkinder schrie, was die Lunge hergab. Ein anderer Täufling zog nach. Die Taufmütter reagierten gereizt, beschwichtigend, wurden nervös. Unruhe machte sich in der Kirche breit. Die Worte des taufenden Pfarrers erreichten wohl nur eingeschränkt ihre Adressaten. Alle waren sichtlich erleichtert, als der Gottesdienst zu Ende war. Niemand konnte mit dessen Verlauf und mit dieser Art von Taufe zufrieden sein – die Taufeltern nicht, die Gemeinde nicht, das Presbyterium nicht, der Pfarrer nicht.

3. Das Dilemma

Taufe soll ja in die Gemeinde hinein geschehen, setzt also Anwesenheit von Gemeinde voraus. Andererseits stößt der traditionelle gottesdienstliche Rahmen hier spürbar an Grenzen. Die Gemeinde befürwortet zwar die Kindertaufe, sie akzeptiert die Taufe im Gottesdienst, erwartet aber unausgesprochen einen störungsfreien Ablauf. Alles soll möglichst so sein, wie sonst auch. Wenn oder wo das nicht der Fall ist, stellen sich Missempfindungen und Frustationsgefühle ein.

4. „Wenn ihr nicht werdet wie die Kinder..." – Zwischenüberlegungen

Jesus versteht Kinder als „Gegenentwürfe" und „Modelle des Menschseins" (H.R.Weber).

Mit ihrer Unbefangenheit und Fröhlichkeit, ihrer Spontanität und Fantasie, ihren Gefühlen und ihrem Vertrauen sind sie privilegierte Anwärter auf Gottes Reich (Mt 18,2f; Lk 18,17).

Wo aber finden diese Merkmale der Kinder im Lebensstil der Gemeinde, insbesondere im Gottesdienst, Berücksichtigung? Wo und wie füllt die Gemeinde ihre Taufverantwortung mit Leben?

Der traditionelle Gottesdienst orientiert sich vorrangig an den Erwartungen und Erfahrungen der Erwachsenen (bzw. derjenigen, die tatsächlich sonntags die gottesdienstliche Gemeinde konstituieren). Das schlägt sich in oft sterilen und inkommunikativen liturgischen Formen, in Liedauswahl, in der Dominanz der Predigt nieder – Elemente, die Kindern und Jugendlichen in der Regel verschlossen bleiben. Ihre Welt, ihre Erfahrungen, ihre Sprache, ihre Bedürfnisse kommen darin nicht vor.

Die Landessynode der Evangelischen Kirche von Westfalen hat 1997 in Verbindung mit der Beratung der Hauptvorlage „Ohne uns sieht Eure Kirche alt aus. Kinder – Jugend – Kirche" u.a. beschlossen:

„Eine zum Glauben einladende Kirche ist eine kinder- und jugendfreundliche Kirche ... Erwachsene, Kinder und Jugendliche sind eingeladen, am Gottesdienst teilzunehmen und ihn mitzugestalten ... Die Kinder haben einen Anspruch auf Gottesdienste, in denen sie mit ihren Bedürfnissen und Fähigkeiten als gleichberechtigt Mitfeiernde ernst- und angenommen werden." (Materialien für den Dienst in der Evangelischen Kirche von Westfalen – Reihe A, H.42, Bielefeld 1997, S. 70)

Ein solcher Beschluss muss in der gemeindlichen Praxis auf Dauer eingelöst werden, wenn er glaubhaft sein soll. Kinder sind nicht nur die Zukunft der Gemeinde, sondern auch ihre Gegenwart.

5. Erste Konsequenzen

Die eingangs beschriebene Erfahrung war für uns Anlass, in unserem Presbyterium über Alternativen nachzudenken. Eine Wochenendklausur im Jahr 1989 haben wir der Frage gewidmet, wie wir zukünftig Taufen gottesdienstlich so einbetten können, dass Kinder, dass die Eltern und Paten, dass die Geschwister und die Kinder im Gottesdienst vorrangig im Zentrum stehen und auf sie bezogen die Taufe und der Gottesdienst Gestalt gewinnen.

Folgende Kriterien und Aspekte sollten für die weitere Arbeit leitend sein:

- das grundsätzliche Angenommensein der Menschen durch Gott abbilden
- sich am Verhalten Jesu orientieren (Wie gehen wir mit Kindern um?)
- in Sprache und Anschauung die Auffassungsmöglichkeit der Kinder in den Mittelpunkt stellen
- alle Sinne ansprechen
- eine wiederkehrende Struktur aufweisen
- Fähigkeiten wie Danken, Feiern, Teilen, Zuhören etc. einüben
- Themen aus verschiedenen Bereichen gewinnen, z.B. Kirchenjahreszeiten, Schulalltag, Bibel, Grunderfahrungen menschlicher Existenz wie Angst, Trauer, Freude, Glück aufnehmen
- einladende Kommunikation ermöglichen
- Erinnerungshilfen den Gottesdienstteilnehmern mit nach Hause geben

Als Ergebnis dieser Klausur bildeten wir einen Arbeitskreis, der sich der Ausarbeitung solcher Modelle und deren Einlösung im Gottesdienst widmen sollte. Diese Gruppe (10–12 Personen) – junge Mütter, zwei Erzieherinnen, ein Presbyter, zwei Lehrer, zwei Theologen, der Kantor – trifft sich seit mehr als zehn Jahren regelmäßig zu Arbeitssitzungen.

Wir sehen uns nicht in dem Zwang, es allen recht machen zu wollen, sondern – am Beispiel Jesu orientiert – vor allem Kinder in den Mittelpunkt zu stellen.

6. Rhythmus

Von Anfang an haben wir für unsere Tauf- und Familiengottesdienste einen Zwei-Monats-Intervall gewählt. In der Praxis bedeutet das je einen Gottesdienst

- im Februar
- in der Osterzeit

- vor den Sommerferien
- nach den Sommerferien
- im Oktober / zu Erntedank
- zu Beginn der Adventszeit

Für diesen Rhythmus sprechen praktische Gründe: Einerseits brauchen diese Gottesdienste ein gewisses, auch zeitlich verlässliches Moment, andererseits bedarf jeder Gottesdienst einer sorgfältigen Vorbereitung (pro Gottesdienst benötigen wir etwa zwei Planungstreffen; hinzu kommen „Generalproben" am Samstagvormittag vor dem jeweiligen Gottesdienst, die im Wesentlichen der technischen Abstimmung dienen).

Im Blick auf die Zahl der Taufen pro Gottesdienst haben wir uns eine Obergrenze von sechs gesetzt, weil nach unserer Erfahrung darüberhinausgehende Größenordnungen kontra-produktiv sind. Wenn absehbar ist, dass diese Zahl überschritten wird, bieten wir an einem der Zwischensonntage zusätzliche „konventionelle" Tauffeiern im Gottesdienst an.

7. Themen(aus)wahl und deren Erschließung

Die Themen werden unter kritischer Berücksichtigung der einschlägigen Literatur gemeinsam festgelegt. Mal orientiert sich die Wahl

- am Kirchen-, Kalender- oder Naturjahr (z.B. „Jedes Kind braucht einen Engel", „Kronen sind Zeichen") oder
- an biblischen Geschichten (z.B. „Halte zu mir, guter Gott") oder
- an einem Symbol (z.B. „Steine, die vom Leben erzählen", „Im Weizenkorn ruht neues Leben") oder
- an einem (Kinder-)Buch (z.B. „Mit der Möwe Jonathan die Freiheit
- entdecken", „Das Ganze sehen…")

Fünf Kriterien versuchen wir bei der Auswahl zu berücksichtigen:

- die Relevanz des Themas / des Symbols
- der Lebensbezug, insbesondere der Bezug zum Leben der Täuflinge und ihrer Familien
- Handlungsorientierung und tätige Teilnahme
- Ganzheitlichkeit („mit Herzen, Mund und Händen"!)
- Variantenreichtum bezüglich der Vermittlungsformen

Viel Zeit verwenden wir auf die Frage, wie die Gemeinde, insbesondere wie die Kinder, möglichst aktiv und ganzheitlich am Gottesdienst beteiligt werden können („tätige Teil-nahme"), um Glaube auch sinnlich erfahrbar werden zu lassen. Gute Erfahrungen haben wir u.a. gemacht mit

- Gesten und Körpersprache (z.B. zum Wachsen des Weizenkorns oder zur Möwe Jonathan)
- Gestaltung eines Gemeinschaftsbildes (Schutzmantelchristus) oder -symbols (z.B. „Kronen sind Zeichen" oder „Jedes Kind braucht einen Engel")
- Stilleübungen
- Kurze Gespräche mit Nachbarn
- Ein Netz knüpfen
- Die eigenen Hände betrachten
- Musizieren mit Orff'schen Instrumenten
- Bewegungslieder
- Puzzle-Teile zu einem Bild zusammensetzen
- Interview
- Rollenspiel

Zudem ist es inzwischen eingespielte Praxis, dass die am Gottesdienst teilnehmenden Kinder sich in der Nähe des Taufbeckens versammeln und so „hautnah" die Taufe miterleben.

8. Einbeziehung der Eltern

Etwa eine oder zwei Woche(n) vor dem jeweiligen Tauf- und Familiengottesdienst findet ein Taufelternabend statt, zu dem Eltern und Paten (falls möglich auch Großeltern) schriftlich eingeladen werden. Der Einladung ist eine Auswahl möglicher Taufsprüche und die Anregung beigefügt, zu diesem Gespräch den ausgewählten Spruch mitzubringen. Ferner erbitten wir für einen „Tauf-Baum" (siehe Seite 13) ein Foto des Kindes.
  Die abendliche Gesprächsrunde hat in der Regel folgende Struktur:

- *Vorstellungsrunde* und *Austausch* über die neue Rolle als Eltern / als Mutter / als Vater – erste Erfahrungen mit dem Kind – Kriterien für die Auswahl der Paten und Erwartungen an diese – Gespräch über die Tauffrage („Wollt ihr, dass eure Kinder in Gottes Liebe hineingetauft werden, dass sie auch mit eurer Hilfe Gottes Nähe erfahren und in die Freiheit (und Gemeinschaft) des Glaubens hineinwachsen, so antwortet: ‚Ja, mit Gottes Hilfe!'").

- *Einführung in das Thema* des Taufgottesdienstes, ggf. mit einem Medium, und Austausch darüber. (Oft fließen Gedanken und Assoziationen der Eltern/Paten in den späteren Gottesdienst ein.)

- *Kreative Phase*: Je nach Thema des Taufgottesdienstes wird ein Produkt erarbeitet und dekorativ ausgestaltet. Es steht in Zusammenhang mit dem Gottesdienstthema und wird dort eingebracht, z.B. eine geschmückte Taufkerze, ein Tauf- und Segenskleid oder ein Tischband mit Angaben zur Taufe als Band der Tauferinnerung.

Dieser Teil ist auch insofern wichtig, als er immer auch Gelegenheit zum persönlichen Gespräch mit dem Pfarrer bietet.

- *Präsentation* und *Würdigung* der Ergebnisse
- *Schlussrunde* mit Klärung von Technika im Blick auf die Taufe (Familienstammbuch etc.)
- Abschließendes *Segenswort*

Auch nach dem offiziellen Ende des Taufelternabends ist noch Gelegenheit zum Gespräch. Hier kann all das thematisiert werden, was zuvor im Plenum ungesagt blieb oder was Eltern immer schon einmal ansprechen bzw. fragen wollten. Es hat sich in der Vergangenheit gezeigt, dass Eltern von diesem Angebot gerne Gebrauch machen.

Diese Mischform von Plenum und persönlichem Gespräch kommt beiden Erwartungen entgegen:

- Das *Gruppengespräch* bietet Schutz und Entlastung. Niemand ist gezwungen, sich aktiv zu beteiligen, kann aber auch in diesem Fall sich mittelbar an der Kommunikation beteiligen.
- Das *persönliche Gespräch* lässt andererseits Raum für das Individuelle und nicht für fremde Ohren Bestimmte.

9. Taufteil

Der Taufteil hat folgende, immer wiederkehrende Struktur:

- Tauf- und Missionsauftrag
- Gebet
- Kinderevangelium (Mk 10)
- Tauffragen
- Antwort der Eltern / Paten
- Credo
- Taufe mit Segensvotum, Verlesung des Taufspruchs und Überreichung des Erinnerungsgeschenks
- Lied
- Gebet

Zu Beginn des Gottesdienstes werden die Täuflinge der Gemeinde – auch namentlich – vorgestellt.

Nach dem Gottesdienst treffen sich alle Gottesdienstbesucher auf dem Kirchvorplatz bei Kaffee/Saft und im Winter bei alkoholfreiem Punsch.

10. Taufbaum

Lange haben wir nach einem überzeugenden Symbol gesucht, das das Wachsen unserer Gemeinde durch unsere Täuflinge sichtbar werden lässt. Verschiedene Ideen wurden geprüft und wieder verworfen:

- Strauß mit „Blumen" (Holz)
- Netz mit Fischen
- Weinstock mit Reben (Holz)
- Bäumchen mit Anhängern…

In Aufnahme einer Idee aus Frankfurt-Sachsenhausen (vgl. Taufe für Große und Kleine, H. 71, Beratungsstelle für Gestaltung, Frankfurt/M. 1994, S. 215f) haben wir uns schließlich für das Symbol des Baumes entschieden und einen Grafiker um einen Entwurf gebeten. Eine Schreinerei hat dann den Vorschlag in Sperrholz umgesetzt (ca. 200 cm × 120 cm).

Unser Taufbaum trägt jährlich wechselnd etwa handtellergroße „Früchte" bzw. „Blätter" oder „Blüten", auf die die Fotos der Taufkinder geklebt sowie Name, Geburts- und Taufdatum eingetragen werden. Diese Elemente werden nach der Taufe in den Taufbaum eingefügt, die Namen der Täuflinge noch einmal öffentlich genannt. So steht der Gemeinde allzeit vor Augen, dass sie nur Bestand hat, wenn immer wieder „junge Triebe" nachwachsen und gepflegt werden.

 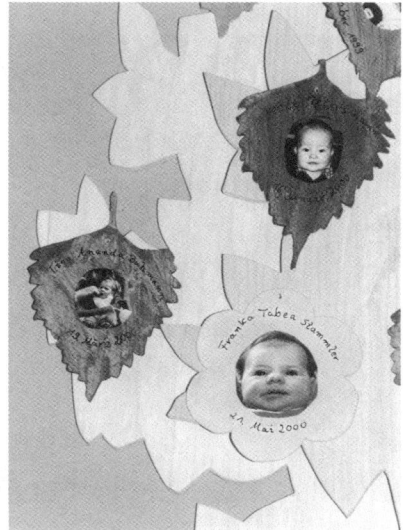

11. Tauferinnerung

Nach Ablauf eines Jahres werden die Taufeltern schriftlich zum Taufgottesdienst eingeladen. Mit den Eltern und Kindern wird die Gemeinde
an die eigene Taufe erinnert, den Eltern bzw. Kindern das Taufbild vom
vergangenen Jahr ausgehändigt.

12. Technischer Fundus

Im Laufe der Jahre haben wir einen eigenen Fundus aufgebaut, der in
der ein oder anderen Form immer wieder zum Tragen kommt:

- zwei Stellwände (140 cm × 140 cm), die mittels Bettbeschlägen zwischen
  Vierkantholzträger eingehängt werden können
- Kirchentagskartons
- Teichstrahler
- mobiles Mikro
- Malstifte
- Scheren
- Pappe

13. Gottes Hände halten mich

14

Auf solchen Händen formulierten Gottesdienstbesucher Dank, Hoffnungen oder Glück- und Segenswünsche für Bastian, Björn und Nicole oder für sich und für andere beim Tauf- und Familiengottesdienst in der Christuskirche.

Einige *Beispiele* drucken wir hier stellvertretend ab:
„Jeder Tag in deinem Leben soll ein Lächeln wert sein" – „Ich bin dankbar für meinen gesunden, fröhlichen Sohn. Ich wünsche mir für ihn, dass er seine Lebensfreude behält und gesund durch sein Leben geht" – „Dank für ein gesundes Kind" – „Möge der Wind dir immer in den Rücken wehen" – „Ein mit Dankbarkeit gespicktes Herz" – „Mögen die Kinder, die heute getauft wurden, immer so behütet und glücklich sein wie heute" – „Gott, wir danken dir, dass wir immer wieder Mut finden, Kinder in die Welt zu bringen, weil du sie mit deinen Händen behütest" – „Der Herr halte seine schützende Hand über dich" – „Ich wünsche dir, dass Sonnenschein deinem Gesicht viel Glanz und Wärme geben wird" – „Gesundheit, Liebe, innerer Frieden" – „Ich wünsche den Taufkindern ein frohes Leben" – „Möge dich Gott auf Deinem Lebensweg behüten und schützend seine Hand über dich halten, damit du dich so entfalten kannst, wie dieses Blümchen auf dieser Hand" – „Werd wieder gesund, Papa" – „Danke, Herr, dass du mir Kinder anvertraust" – „Viele Leute, die es gut mit euch meinen"

Stimmen zum Gottesdienst:

„Vielen Dank für einen so schönen Gottesdienst, Sabine, Leo, Lisa und Gerhard" – „Wirklich ein Gottesdienst für Eltern *und* Kinder. Danke" – „Ein Gottesdienst – *für* alle und *mit* allen, ‚Hand in Hand' – zum Geben und Mitnehmen, einfühlsam und mit viel Liebe gestaltet: Ein gelungener Versuch, neue Wege zu gehen"

Taufgottesdienst in neuer Form:

Gemeinde: „Wie ein Baum am Wasser

Unna-Königsborn. (tmv) „Wie ein Baum am Wasser" – unter diesem Motto wurde am Sonntagvormittag in der Königsborner Christuskirche ein besonderer Tauf- und Familiengottesdienst gefeiert, der in dieser Form vorbildhaft neue Wege zur Integration junger Familien in das gottesdienstliche Geschehen aufzeigte.

Symbolisch stand dabei der Baum in Vordergrund: allein fest verwurzelt in fruchtbarer Erde ist es ihm möglich, Früchte zu tragen, wird sein lebens- und freudespendendes Potenzial deutlich, erwächst ihm die Kraft zu bestehen.

Ein Kreis von zehn Männern und Frauen aus der Gemeinde hatte die Vorbereitung für diese Feier geleistet, deren „theologisches Anliegen vor allem ist, dass der Glaube alle Sinne ansprechen muss", so Hans Freudenberg, Schulreferent des Kirchenkreises Unna. Vor gut zwei Jahren habe man sich im Presbyterium in einer Klausurtagung Gedanken über eine Neugestaltung der monatlichen Tauffeiern gemacht, da die traditionelle Form weder Erwachsenen noch Kindern gerecht wurde. Das Ergebnis dieser Über-legungen war der Entschluss, in zwei-monatigem Abstand vielfältige Aktionen, in denen sich alle Beteiligten wiederfinden können, als besonderen Familiengottesdienst mit Taufe anzubieten. „Die Taufe ist hier kein Fremdkörper, sondern Anlass und Ereignis – und das kommt viel besser an", berichtet Freudenberg über die Resonanz in der Gemeinde.

Insgesamt zwölf Täuflinge wurden am Sonntag neu in die Gemeinde aufgenommen, fünf von ihnen sind schon zu den Erwachsenen zu zählen. Für jedes dieser neuen Gemeindemitglieder wurde an einem Baum, der von zahlreichen Kindern im Laufe der Feier mit Blättern und Blüten geschmückt wurde, ein Namensschildchen in Apfelform aufgehängt als Zeichen der Verbundenheit mit der Gemeinde. Am Schluss des Gottesdienstes erhielt jede Tauffamilie einen kleinen Apfelbaum-Setzling für den Garten oder den Balkon. Pfarrer Andreas Taube, der zusammen mit Pfarrerin Gertrud Kuhl die Taufen vornahm, verband „mit dieser Gabe die Hoffnung auf ein fruchtbares Gedeihen in einer mit Glauben und Liebe ausgestatteten Umwelt".

Hellweger Anzeiger, 22.4.1991

Beispiele
und Entwürfe

STEINE,
DIE VOM LEBEN ERZÄHLEN

Leitendes Symbol: Stein

Biblische Bezüge

Der Stein, den die Bauleute verworfen haben, ist zum Eckstein geworden. (Ps 118,22, vgl. Mt 21,42)

Siehe, ich lege in Zion einen Grundstein, einen bewährten Stein, einen kostbaren Eckstein, der fest gegründet ist … (Jes 28,16)

Machet Bahn, räumt die Steine hinweg! … Siehe, dein Heil kommt! (Jes 62,10f)

Wer unter euch ohne Sünde ist, der werfe den ersten Stein auf sie. (Joh 8,7)

Siehe, ich will dort vor dir stehen, auf dem Fels am Horeb. Da sollst du an den Fels schlagen, so wird Wasser herauslaufen, dass das Volk trinke. (Ex 17,6)

Gebt unserm Gott allein die Ehre! Er ist ein Fels. (Dtn 32,3f; vgl. Ps 18,32; 18,3; 31,3; 42,10; 62,3.8; 92,14).

Und ich will euch ein neues Herz und einen neuen Geist in euch geben und will das steinerne Herz aus eurem Fleisch wegnehmen und euch ein fleischernes Herz geben. (Hes 36,26)

Jakobs Traum auf dem Stein (Gen 28,10ff)

Technische Vorarbeiten

1. Vom Baustoffhandel müssen in der Zahl der erwarteten Gottesdienstbesucher etwa handtellergroße, glatte, schöne Kieselsteine besorgt
werden. Sie sollten unterschiedliche Färbung und Zeichnung haben.

Die Steine werden über Nacht in eine Tiefkühltruhe gelegt und vor
dem Gottesdienst in Tiefkühltaschen umgepackt in die Kirche
gebracht. Erst unmittelbar vor ihrem Einsatz sollten sie, auf Tabletts
ausgebreitet, verteilt werden.

(Der tiefkalte Stein wirkt in der Hand anfänglich fast schmerzhaft. Je
länger er aber in der Hand liegt und die Körperwärme annimmt,
desto positiver entwickelt sich die Beziehung zwischen Stein und
„HalterIn".)

2. Der Einstimmung auf das Thema dient das Auslegen eines Stein-
Mandalas im Eingangsbereich der Kirche. Dabei sollten unterschied-
lich große Steine Verwendung finden. Auch diese Steine (und ggf.
eine geeignete Unterlage) sind zuvor zu besorgen. (Die Steine wirken
brillanter, wenn man etwas Wasser darüber giesst.)

Taufgeschenk: Kleines „Schatzkästchen" mit bunten Halbedelsteinen.

Verlauf

VORSPIEL

BEGRÜSSUNG mit Hinweisen auf das Thema

LIED „Lobet den Herren alle, die ihn ehren …"
(EG 447, 1-3.6.7)

PASTOR/IN „Im Namen …"

WECHSELGEBET Ps 136 i.A.

Pastor/in „Danket dem Herrn; denn er ist freundlich,
und seine Güte währt ewig"

Gemeinde „Laudate omnes gentes …" (EG 181, 6)

P. „Die Himmel hat er mit Weisheit gemacht.
Über den Wassern hat er die Erde ausgebreitet."

G. „Laudate …"

P. „Die Sonne hat er gemacht, den Tag zu
regieren, den Mond und die Sterne, um die
Nacht zu regieren."

G. „Laudate …"

P. „Er sorgt für Menschen und Tiere. Danket
dem Herrn; denn er ist freundlich und seine
Güte währt ewig."

G. „Laudate …"

GEBET

LIED „Zeit für Ruhe …" (z.B. SL 231, 1-3)

ÜBERLEITUNG „Steine, die vom Leben erzählen" – das ist das Thema
unseres Gottesdienstes.
„Wieso Leben?", werdet ihr sagen – „Steine sind doch
tote Materie! Stumm sind sie und kalt und abweisend."
Lasst euch auf ein Spiel mit Steinen ein. Vielleicht
erscheinen euch danach die Steine nicht mehr so tot
und leblos.
Wir geben euch jetzt „Steine, die vom Leben erzählen".
Nehmt euern Stein in die eine Hand und umschließt
ihn mit der anderen. Er ruht jetzt in euern Händen wie
in einer kleinen Höhle.

(Während der etwa 3-minütigen Ruhephase spielt die Flöte eine meditative Melodie.)

MEDITATION Der Stein in meiner Hand ist glatt und kalt. Er ist ganz hart. Er wird auch nicht weich, wenn ich ihn drücke ... Bin ich nicht oft selbst wie dieser Stein? Bin ich nicht oft genauso hart und gefühllos wie dieser Stein? Kalt und glatt – das bin auch ich manchmal ...
Oder ich empfinde andere so ...
Der Stein in meiner Hand ist glatt und kalt ...
Nur wenn ich ihn mit meiner Hand umschließe, nimmt er die Wärme meines Körpers an, verändert er sich – wie ein kaltes Herz ...
Nur wenn ich den kalten Stein mit meiner Hand umschließe, wird er ein Teil von mir ...
Nur wenn einer kommt und die Hand um mich legt, wandelt sich meine Kälte in Wärme, wird die stumme Kälte sich auflösen und Steine werden „reden" ...
Nur wenn einer kommt und dich anrührt, wird aus Steinen Wasser fließen und Durstige werden ihre Sehnsucht stillen ...
Jetzt, wo der Stein warm geworden ist, öffne ich die Hand und schaue ihn bewusst und aufmerksam an:
Ist er glatt oder rauh? Rund oder oval? Welche Farbe hat er? Ist er klein oder groß? Weist er Beschädigungen auf? Wo mag er herkommen? Ich kann mit einem Finger ganz zärtlich über den Stein streichen. Jeder Stein ist anders. Jeder Stein hat seine eigene Geschichte, ist eine eigene Persönlichkeit ... Mein Stein weisst mich auf Gott hin, denn Gott sagt: „Ich bin wie ein Fels, auf den du dich verlassen kannst und wie eine Burg, in der du sicher bist" (vgl. Ps 18,3).

LIED „Ins Wasser fällt ein Stein ..."
(EG-NB 603, EG-BT 645 ..., 1)

TAUFTEIL (s.o., Seite 12)

TAUFERINNERUNG

FÜRBITTEN

VATERUNSER

LIED „Herr, wir bitten: Komm und segne uns ..."
(EG-RWL 607, EG-BT 572 ..., 1)

Alternative / Ergänzung

Vorbemerkung: 12 thematische Dias werden in zwei Durchgängen angeschaut. Beim ersten Durchgang bleiben die Dias unkommentiert jeweils ca. 10–15 Sekunden stehen, eine Melodie auf dem Metallophon begleitet das Anschauen der Bilder. Der zweite Durchgang verbindet Bild und Wort:

Lfd. Nr.	Motiv	Kommentar
		Wenn ich an meine Kindheit zurück-denke, fallen mir Bilder mit Steinen ein:
		Ich stehe an einem Weiher und lasse einen flachen Kieselstein über die Wasseroberfläche gleiten; er hüpft über das Wasser. Er zieht Kreise, kleine zuerst, dann immer größere...
		Oder: Ich hüpfe in einem Bachlauf von Stein zu Stein. Manchmal sind die Steine glitschig und ich falle ins Wasser...
		Oder: Ich kehre in Gedanken noch einmal in den Steinbruch meiner Kindheit zurück und sammle Mineralien...

Lfd. Nr.	Motiv	Kommentar
		Steine erzählen Geschichten. Keine zwei Steine gleichen einander. Steine erfüllen ganz unterschiedliche Funktionen – unsere Dias erzählen davon.
1	Haus auf Korsika	So begegnen mir Steine am häufigsten – als Bausteine, mit denen Menschen etwas gebaut haben: ein Haus – eine Mauer – eine Brücke – einen Turm – eine Kirche ... Steine nützen und schützen – Steine sind nicht schuld, wenn sie geworfen werden.
2	Steine am Sandstrand	Steine bergen Erinnerungen, am Strand gefunden, aus dem Urlaub mitgenommen – „Wer Steine hebt, hebt Urzeiten empor" (Nelly Sachs)
3	Steine in der Brandung	Wieviel Urgewalt tobt sich an diesen bizarren Felsen aus! – Jahr für Jahr – bei Ebbe und Flut ...
4	Backstein	Wo Natursteine fehlen, haben die Menschen selbst Steine hergestellt – aus Sand und Lehm gebacken, für Häuser und Mauern, für Dorfkirchen und Kathedralen.
5	Kopfsteinpflaster	Steine erzählen Geschichten – Wer ist in vielen Jahrhunderten über diese Straße gelaufen und gefahren? Händler und Bauern auf dem Weg zum Markt – Ochsenkarren und spielende Kinder ...
6	Brücken	Brücken aus Stein – sie verbinden Menschen und Kulturen ... Manche Brücken tragen auch Wasser.
7	Kultsteine	Steine sind Teil der Kultur – auch der religiösen Kultur – wie in dieser megalithischen sakralen Steinsetzung in der Bretagne – Altäre wurden aus Steinen aufgeschichtet und die 10 Gebote Israels auf Steintafeln geschrieben ...
8	Steine im Wasser	Andere Steine sprechen für sich selber in ihrer natürlichen Schönheit ...
9	Edelstein	...

Lfd. Nr.	Motiv	Kommentar
10	Grabstein	Grabsteine erinnern daran, dass unser Leben vergänglich ist und dass die Erinnerung an das Leben eines Menschen nicht mit dem Tod endet…
11	Großer Stein	Worte der Bibel nehmen meine Gedanken auf und geben ihnen eine neue Richtung: „Meine Seele ist still zu Gott, der mir hilft", heißt es in den Psalmen, „Gott ist mein Fels, meine Hilfe, mein Schutz, dass ich gewiss nicht fallen werde … Gott ist der Fels meiner Stärke, meine Zuversicht ist bei Gott" (Ps 62,2f.8).
12	Taufstein	In der Taufe verbinden sich zwei Grundsymbole miteinander: Stein und Wasser. Im Stein kommt das Verlässliche zum Ausdruck („Gott ist mein Fels") – Wasser steht für „Leben", für die Quelle, auch die Quelle des Lebens, die nie versiegt. Wasser und Stein weisen auf die Lebensgründe hin, die wir nicht gelegt haben. Sie waren vor uns und werden nach uns sein.

IM WEIZENKORN
RUHT NEUES LEBEN

Leitendes Symbol:
Weizenkorn

Biblischer Bezug

Wenn das Weizenkorn nicht in die Erde fällt und stirbt, bleibt es allein; wenn es aber stirbt, bringt es viel Frucht. (Joh 12,24)

Technische Vorarbeiten

Aus gelbem Tonpapier sind „Weizenkörner" in der Zahl der zu erwartenden Gottesdienstbesucher vorzubereiten, ebenso „Halme", die später die Ähre tragen.

Auf „Körner" schreiben die Gottesdienstbesucher beim Betreten der Kirche ihren Namen. Die beschrifteten „Körner" werden (noch vor Beginn des Gottesdienstes) an einer Korktafel o.Ä., für die Gemeinde sichtbar, angesteckt.

Die „Körner" mit den Namen der Täuflinge sollen im Anschluss an die Taufe in die Ähre eingefügt werden (s.u.).

Ungefähr eine Woche vor dem Gottesdienst werden Weizenkörner in kleine Tonschälchen bzw. in Keramikgefäße ausgesät – die kleinen Tontöpfchen werden nach dem Gottesdienst an die Kinder verteilt.

Zusätzlich zu dem „Weizenkorn" aus Tonpapier erhält jeder Gottesdienstbesucher ein reales Weizenkorn.

Taufgeschenk: Taufkerzen, die auf dem Taufelternabend mit Ähren aus Knetwachs geschmückt werden.

Verlauf

VORSPIEL

BEGRÜSSUNG

LIED „Lobet den Herren alle, die ihn ehren …"
(EG 447, 1.2.6.7)

PASTOR/IN Im Namen …

PSALM oder LESUNG oder GESCHICHTE

GEBET

WEIZENKORNMEDITATION I
(P. fordert die Gottesdienstbesucher auf, das Weizenkorn, das sie am Eingang erhalten haben, in die Hand zu nehmen.)
Ein Weizenkorn liegt in meiner Hand – klein ist es und unscheinbar. Braun-gelb ist das längliche Korn. Es ist sehr leicht – schnell kann es meiner Hand entgleiten.
In der Mitte sehe ich eine Einkerbung, so, als sei das Korn aus zwei Hälften zusammengewachsen. Wie mag das Korn innen aussehen? …

LIED „Strahlen brechen viele …" (EG 268, 1)

WEIZENKORNMEDITATION II
Ich erzähle euch eine Geschichte von Jesus: Es ist Erntezeit. Jesus steht mit seinen Jüngern vor einem Weizenfeld. Goldgelb leuchten die reifen Körner. Die Halme mit den prallen Ähren wiegen sich im Wind.

Jesus pflückt eine Ähre und nimmt ein Weizenkorn heraus. Ganz aufmerksam betrachtet er das Korn.

Jesus sagt zu seinen Freunden: „Seht, wie winzig und unscheinbar dieses Korn ist. Doch dieses kleine, verschlossene Korn trägt ein Wunder in sich:
In diesem kleinen Korn steckt Kraft. In ihm ist neues Leben verborgen.

Tief in der Erde ruht das Weizenkorn – in dunkler, feuchter Erde. Warme Erde hüllt das Korn ein. Es ruht dort – wie in einem Grab. Das Korn muss sterben …

Aber dann geschieht ein Wunder: Aus dem sterbenden Weizenkorn wächst ein grüner Halm. Winzig klein ist er zuerst. Der Halm streckt sich dem Licht entgegen, wächst weiter und weiter. Oben auf dem Halm wächst eine Ähre – eine Ähre mit neuen Weizenkörnern!

Es ist wie ein Wunder: Das Korn muss in die Erde fallen. Das Korn muss sterben, damit neues Leben werden kann."

Jesus fügt hinzu: „So ist es auch mit mir! Auch ich werde sterben – wie das Weizenkorn! Ich werde sterben und neue Frucht in euch bringen. In euch werde ich weiterleben. Ich werde in der Liebe leben, die ihr einander schenkt:
– in euch *Eltern*, in der Liebe, die ihr euern Kindern schenkt;
– in der *Taufe*, dem Zeichen des neuen Lebens aus dem Tod;
– in uns *Christen*, die wir eine Gemeinde bilden."

„Ich werde sterben", sagt Christus, „um in euch zu leben."

Das Weizenkorn, Bild für die Hoffnung, die wächst und sich verschenkt. Das Weizenkorn muss sterben, um in uns zu leben.

Weizenkörner – mit unseren Namen beschriftet, Zeichen des neuen Lebens, aus dem Christuskorn geboren.

Wir haben die Namenskörner in die Ähre eingefügt. So kann sichtbar werden, in welchem Lebenskorn wir wurzeln, zu wem wir unverlierbar gehören.

LIED	„Strahlen brechen viele ..." (EG 268, 2)
TAUFTEIL	(s.o., Seite 12)
AKTION	„Körner" mit Namen der Täuflinge werden in das Gemeinschaftsbild (siehe Seite 27) eingefügt.
FÜRBITTEN	Herr, unser Gott und Schöpfer, wir danken dir für diesen Gottesdienst. Wir beten heute für die Erde, auf der wir alle leben. Herr, lass uns das Wunderbare deiner Schöpfung mit all unseren Sinnen erkennen, bestaunen und achten. Lass uns das Unscheinbare nicht als nichtig, wertlos oder langweilig abtun, denn alles auf deiner wunderbaren

Erde hat seine Berechtigung,
auch das kleine Weizenkorn,
aus dem du neues Leben hervorgehen lässt.

Wir bitten dich für die Kinder, die wir getauft haben,
lass sie mit deiner Hilfe zu lebensfrohen, aufrechten,
neidlosen und zufriedenen Menschen heranwachsen.

Wir bitten dich, hilf uns, den Menschen Halt zu geben,
die am Leben verzweifeln, denen Unrecht geschieht oder
die von Krankheit und Tod bedroht sind.
In aller Unruhe unserer Zeit, lass uns ruhen in dir,
schenk uns Mut und Kraft, Widerstand zu leisten,
wo deine Schöpfung bedroht, dein Friede missachtet,
deine Liebe verhöhnt und deine Freiheit in Frage
gestellt wird.

VATERUNSER

LIED   „Komm, Herr, segne uns…" (EG 170, 1-4)

SEGEN

MIT DER MÖWE JONATHAN
DIE FREIHEIT ENTDECKEN

Bezug: Richard Bach, Die Möwe Jonathan, Ullstein Buchverlage, Berlin

Technische Vorarbeiten

Für jeden Gottesdienstteilnehmer werden Chiffonbänder, je zur Hälfte blau und weiß, vorbereitet. Die Bänder können mit einer Zick-Zack-Schere auf das vorgesehene Maß (50 cm × 4 cm) zugeschnitten und ggf. mit einem Moosgummistempel (z.B. mit dem Motiv einer Möwe) bedruckt werden. Sie werden zur Begrüßung vor der Kirche verteilt.

Im Eingangsbereich der Kirche stimmt ein Arrangement aus Sand, Muscheln und Steinen die Gottesdienstbesucher auf die Thematik ein.

Taufgeschenk

Tischband: Weißes Leinen, ca. 10 cm × 150 cm, mit den Motiven Taube, Fisch, Wolke, Name, Taufspruch, Taufdatum, Name der Kirche etc., von den Eltern/Paten am Vorbereitungsabend gestaltet.

Verlauf

ORGELVORSPIEL

BEGRÜSSUNG

LIED   „Wo zwei oder drei …"
                  (EG-RWL 578, EG-NB 564 …)

ERÖFFNUNG

PSALM   (Frauen / Mädchen und Männer / Jungen sprechen im Wechsel)

Herr Gott, lieber Vater,
rund um die Erde und in allen Winkeln des Weltalls
kennt man dich und sieht deine Wunder.
Kinder, ja schon Säuglinge,
sind Zeichen dafür, wie du das Leben liebst.

> Wenn ich nachts nach oben sehe
> und das Firmament bestaune,
> deinen riesigen Himmel mit Mond und Sternen,
> mit Milchstraße und Sternschnuppen –
> alles stammt von dir!

Was bin ich dann schon?
So klein! So winzig!
Ein Menschenkind! Und du denkst an mich?!
Du hältst mich auch in deiner Hand?

> Ich kleiner Mensch soll mithelfen,
> deine Erde zu bewahren? Mit allem, was dazu
> gehört: mit Schafen und Rindern, Ameisen
> und Elefanten …

Vögeln und Fischen, Moosen und Felsen,
Tälern und Bergen, mit den Meeren und den Erdteilen?!
Das ist wunderbar. Herrlich ist das!

> Lieber Gott,
> du machst das Leben hell und gut,

und in der ganzen Welt sollen
die Menschen davon singen.   *(nach Ps 8)*

Hinweis: Die Erzählung wird durch die Einspielung
„Eros im Hauch eines Klanges" aus der CD „Eine
himmlische Flötenmusik – das Engelkonzert" – von
H.-J.Hufeisen untermalt.
Die Gottesdienstbesucher werden bei den Einspielun-
gen aufgefordert, die Musik durch Bewegungen mit
den Chiffonbändern zu begleiten.

GEBET

ERZÄHLUNG   „Die Möwe Jonathan" siehe **M** (Seite 35f)
Präsentation der Erzählung mithilfe von Folien und
Tageslichtprojektor, Erzähler und Orff'schen Instru-
menten

AUSLEGUNG   Jonathans Geschichte ist eine Ferien- und Urlaubsge-
schichte. Sie lässt in mir noch einmal die Tage am Meer
lebendig werden:
– Möwen begleiten die Fähre; geschickt schnappen sie
   im Flug die Brothappen auf, die ihnen Kinder zu-
   werfen…
– Wie elegant ziehen sie hoch am Himmel ihre Kreise!
– Blitzschnell stoßen sie aufs Meer hinunter…

Jonathans Geschichte ist auch eine *Traumgeschichte* –
und insofern ist sie auch meine Geschichte.
Ich möchte mich nicht (wie die anderen Möwen) mit
täglicher Routine und einem Leben begnügen, das nur
den Rhythmus von Essen und Schlafen, von Arbeit und
Ruhe kennt.
Mit Jonathan möchte ich hoch hinauf in den Himmel
steigen:
– Weite erleben
– Freiheit erfahren – grenzenlose Freiheit
– immer neue Erfahrungen machen
– über mich hinauswachsen
– an Grenzen gelangen und Grenzen überschreiten.

Jonathans Geschichte ist auch eine Symbol- und Hoff-
nungsgeschichte für Eltern und Kinder:
– Wie Jonathan und die anderen Möwen müssen
   Kinder zunächst auch im Leben beheimatet werden,

- in Schutz- und Schonräumen lernen, dass Leben einen verlässlichen Grund hat („Du bist geliebt…")
- Sicherheit gewinnen
- Erfahrungen, auch sozialer Art, machen – mit Eltern und Geschwistern, mit anderen Kindern (im Kindergarten, in der Schule etc.)
- die eigenen Bedürfnisse und den eigenen Wert entdecken
- aber auch die Grenzen eigener Freiheit an der Freiheit anderer

Ich wünsche ihnen als Eltern, dass sie für ihre Kinder liebe- und verständnisvolle Partner ins Leben sind, sie mit Frohsinn und Optimismus begaben und selbst in allem einen langen Atem haben und behalten.

Ich wünsche ihnen aber auch, dass sie – wenn es an der Zeit ist – ihre Kinder loslassen, sie aus Liebe freigeben können, ihnen Raum geben für eigene Erfahrungen (so wie Jonathan sie gemacht hat) – auch für Grenzerfahrungen, damit sie das Leben bestehen können.

Wissen sie, wie ein Adler seine Jungen das Fliegen lehrt? Er lässt seine Jungen selbstständig werden, indem er – mit ausgebreiteten Fittichen – unter den Jungen herfliegt, sie „flügge" werden lässt, ihnen zugleich aber auch das Gefühl der Sicherheit und Geborgenheit vermittelt.

In diesem Bild sehe ich die Rolle Gottes und ihre Rolle als Eltern in gleicher Weise aufscheinen.

Gott segne sie und ihre Kinder. Amen.

LIED   „Herr, gib mir Mut zum Brücken bauen…"
                (EG-RWL 669, EG-BT 646…, 1-4)

TAUFTEIL   (s.o., Seite 12)

LIED   „Kind, du bist uns anvertraut…"
                (EG-RWL 596, EG-BT 576…, 1.3)

FÜRBITTEN

VATERUNSER

LIED   „Bewahre uns, Gott…" (EG 171, 1.4)

SEGEN

Die Möwe Jonathan   M

Jonathan war eine junge Seemöwe. Rein äußerlich unterschied sie sich in nichts von den anderen Möwen. Jonathan lernte fliegen wie alle Möwen.

Jeden Morgen flog Jonathan mit seinem Schwarm hinaus aufs Meer, um Futter zu holen. Sie flogen von der Küste zum Meer und wieder zurück. Tagein und tagaus wiederholten sie stets den gleichen Flug vom Meer zur Küste und von der Küste zum Meer.

Musik/Bewegung

Die meisten Möwen begnügten sich mit den einfachsten Formen des Fliegens. Sie waren zufrieden, von der Küste zum Futter und wieder zurückzukommen. Ihnen ging es nicht um die Kunst des Fliegens, sondern um das Futter.

Jonathan aber liebte das Fliegen mehr als die anderen Möwen. Futtersuche war für ihn unwichtig.

Jonathan probte den Gleitflug, den Tiefflug, er lernte Loopings und Drehungen um die eigene Achse.

Musik/Bewegung

Täglich wurden Jonathans Fähigkeiten vollkommener. Er lernte, im Sturzflug in Stromlinienhaltung weit genug ins Wasser einzutauchen. So konnte er seltene, wohlschmeckende Fische erlangen, die in Schwärmen unter der Oberfläche des Ozeans dahinzogen.

Er brauchte keine Fischkutter und kein altbackenes Brot mehr zum Leben. Er lernte vielmehr, im Flug in der Luft zu schlafen, indem er sich bei Nacht quer zum Wind stellte, der von der Küste her blies. So vermochte er zwischen Sonnenuntergang und Sonnenaufgang hundertsechzig Kilometer zurückzulegen. Er durchstieß die schweren Seenebel und stieg über sie hinaus in blendend lichte Höhen auf ... indes die anderen Möwen zur selben Zeit auf dem Boden hockend nichts als Nebel und Regen kannten. Er lernte, auf Hochwinden weit ins Land hinein zu schweben, um dort köstliche Insekten zu verspeisen.

Jonathan lernte, was wahrhaft Fliegen heißt, und er bereute nie den Preis, den er dafür bezahlt hatte. Die Möwe Jonathan entdeckte, dass nur Langeweile, Angst und Zorn das Leben der Möwen verkürzen. Nachdem diese drei von ihm gewichen waren, lebte er ein langes und ein wahrhaft lebenswertes Leben.

Musik/Bewegung

(aus: Richard Bach, Die Möwe Jonathan, Ullstein, Berlin 1987[1]/1998[11])

HALTE ZU MIR, GUTER GOTT

Biblischer Bezug

Jesus segnet die Kinder. (Mk 10,13-16)

Technische Vorarbeiten

Aus stabilem Karton ist etwa in Lebensgröße die Christusfigur nach einem Motiv von Kees de Kort anzufertigen. Die Arme der Figur müssen beweglich sein. Die Figur ist zunächst mit herabhängenden Armen sichtbar (siehe Skizze **M1a**). Später werden die Arme nach oben geschwenkt, sodass in ihnen die Namen und Gesichter Platz finden können, wie bei einem „Schutzmantelchristus" (siehe Skizze **M1b**).

Für Kinder und Erwachsene werden z.B. nach Anlage **M2** Buttons angefertigt, die von den Kindern angemalt und von allen mit dem eigenen Namen versehen werden können. Sie werden im späteren Verlauf des Gottesdienstes der Jesusfigur „in die Arme gelegt".

Buntstifte sind für die Kinder bereitzustellen, ebenso Fotoklebepunkte oder Dekonadeln zum Befestigen der Buttons.

Auf dem Taufelternabend zur Vorbereitung des Gottesdienstes werden Taufeltern und Paten angeregt, kleine Porträts von ihren Kindern anzufertigen (etwa im Format DIN A6).

Die Porträts können gemalt, aus Stoff geklebt oder mit Wolle/Märchenwolle kreativ gestaltet werden.

Verlauf

VORSPIEL

BEGRÜSSUNG

LIED   „Morgenlicht leuchtet…" (EG 455, 1-3)

EINGANGSWORTE

PSALM

GEBET

LIED   „Wo zwei oder drei …" (EG-RWL 578, EG-NB 564 …)

KINDERSINGKREIS   „Alle Kinder dieser Welt sind dein…" (z.B. SL 88)

AKTION   (Die Arme Jesu werden ausgebreitet und die Figur mit einem Tageslichtprojektor angestrahlt)

PASTOR/IN   fordert die Kinder auf, ihre ausgemalten und mit Namen versehenen Buttons nach vorne zu bringen und in die ausgebreiteten Arme Jesu anzupinnen. Die Bilder der Erwachsenen werden eingesammelt und durch Mitglieder des Vorbereitungskreises befestigt.

ZWISCHENMUSIK   Instrumentalkreis

DEUTUNG   Als unsere Kinder noch klein waren, liebten sie ein Spiel besonders: „Wer kommt in meine Arme?" Stefan oder Corinna liefen auf mich zu, ließen sich in die Arme schließen und hochheben. Das Spiel „Wer kommt in meine Arme?" lebt von Körperkontakt, vom Liebkosen und vermittelt das Gefühl von Geborgenheit und Verlässlichkeit.

                   Die Christusfigur mit den weit ausgebreiteten Armen erinnert mich an dieses Kinderspiel „Wer kommt in meine Arme?"

Viele haben sich eben von dem Ruf Christi einladen lassen „Wer kommt in meine Arme?"

Arme können auch anders:
– Arme können sich verschränken, können damit zu verstehen geben: Ich bin abwartend, ich bin distanziert oder abweisend.
– Arme und Hände können sich in den Hosentaschen verstecken
– Hände und Arme können beschäftigt sein mit Arbeiten. Solche Arme haben keine Zeit, auch keine Zeit zum Spielen.
– Die Arme Christi sind frei, sie sind nicht besetzt; sie sind offen und einladend: Jeder und jede ist willkommen, so wie er / sie ist – lachend und weinend, jung oder alt.
– Viele Gesichter und Figuren haben in diesen Armen Platz, viele, die zusammen eine Gemeinschaft bilden. Sie sind nicht länger einsam und alleine.

Damals – unter der heißen Sonne Galiläas – hat es begonnen. Da hat Jesus die Kinder zu sich eingeladen „Kommt in meine Arme...!"

Ich weiss nicht, ob die Kinder damals verstanden haben, was diese Segenshandlung im Letzten bedeutet. Geahnt haben sie es sicher. Die Mütter haben begriffen, was Jesus ihnen und den Kindern sagen wollte:

Zum Leben gehört mehr als materielles Versorgtsein – Leben ist zu seinem Gelingen auf einen Grund angewiesen, der durch alle Gefährdungen hindurch trägt – die schützende, ins Leben weisende Hand Gottes.

Ich halte es für keinen Zufall, dass auch der sterbende Christus am Kreuz diese Haltung der ausgebreiteten Arme beibehält: „Kommt her zu mir, die ihr mühselig und beladen seid...", ruft er denen zu, die es schwer haben im Leben, die klein sind...

Niemand ist immer so stark, dass er in schwachen Momenten dieser Einladung in die offenen Arme Christi nicht bedürfe.

Wir taufen heute N.N. auf den Namen Jesu. Er nimmt ihn/sie in seine Arme und sagt ihm/ihr zu: Du bist geborgen, du bist geliebt, du bist angenommen als Gottes Kind.

Ich hoffe sehr, dass dieses Kind – und alle Kinder auch in unserer Gemeinde – so angenommen werden wie Christus sie angenommen hat, dass sie in unserer ... (Gemeinde-Name) eine gute Heimat finden. Amen.

LIED	„Alle Kinder dieser Welt sind dein..." (z.B. SL 88)
TAUFTEIL	(s.o., Seite 12)
LIED	(zwischen den Taufen) „Kind, du bist uns anvertraut..." (EG-RWL 596, EG-BT 576...)
AKTION	Die Porträts der Taufkinder werden in das Gemeinschaftsbild eingefügt.
LIED	(nach den Taufen) „Ich bin getauft auf deinen Namen..." (EG 200, 1.2)
TAUFERINNERUNG	
FÜRBITTEN	
VATERUNSER	
LIED	„Halte zu mir, guter Gott..." (EG-BT 641 ..., 1.2.4)
SEGEN	

M1a

M1b

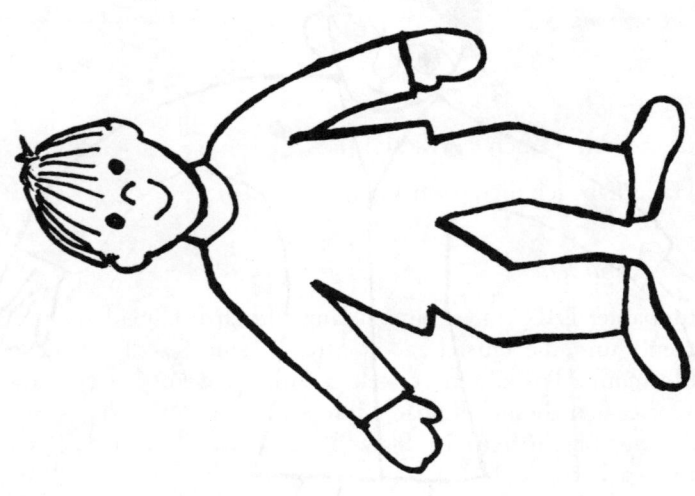

ICH TRAGE EINEN GROSSEN NAMEN

Leitendes Symbol: Name

Biblische Bezüge

Er kennt meinen Namen … (Ps 91,14)

In die Hand habe ich dich gezeichnet. (Jes 49,16)

Technische Vorarbeiten

1. Kartonpapier DIN A4 ist einmal längs durchzuschneiden (Funktion erklären!) und die entstehenden Streifen sind so zu knicken, dass hochformatige Postkarten entstehen. Auf diese Postkarten schreiben die Gottesdienstbesucher später ihren Namen. Auf jeder Karte (nur Vorderseite beschriften) ist Platz für die Namen von 5–7 Gottesdienstbesuchern.

2. Für die Taufkinder bereiten die Taufeltern/Paten während des Vorbereitungsabends Namensschilder für ihre Kinder kalligrafisch vor.

3. Folie und Folienstifte bereitlegen, auf die die Gottesdienstbesucher am Eingang ihren Namen schreiben. Eine zweite Folie mit dem Namen „Gott" vorbereiten.

4. Mit dem PC ist ein großformatiges Band anzufertigen mit den Worten aus Jes 43,1: „Ich habe dich bei deinem Namen gerufen."

5. Zwei Kintertelefone

6. Geschenke für die Taufkinder: Namensketten.

Verlauf

VORSPIEL

BEGRÜSSUNG

LIED   „Er weckt mich alle Morgen ..." (EG 452, 1.2.5)

EINGANGSWORTE

PSALMGEBET (im Wechsel)

Wer unter dem Schirm Gottes lebt
und bei ihm bleibt,
der sagt zum Herrn:

Gott, du bist meine Zuflucht und Burg.
Auf dich hoffe ich, denn du kennst meinen Namen.

Gott wird bei mir sein,
wohin ich auch gehe.
Der Herr liebt mich;
er lässt mich nicht allein.

Gott, du bist meine Zuflucht und Burg.
Auf dich hoffe ich, denn du kennst meinen Namen.

Wenn ich den Herrn anrufe,
antwortet er mir.
Wenn ich in Not gerate,
ist er bei mir.
Wenn ich traurig bin,
gibt er mir wieder Mut.

Gott, du bist meine Zuflucht und Burg.
Auf dich hoffe ich, denn du kennst meinen Namen.

Wer unter dem Schirm Gottes lebt
und bei ihm bleibt,
der sagt zum Herrn:

Gott, du bist meine Zuflucht und Burg.
Auf dich hoffe ich, denn du kennst meinen Namen.

(nach Ps 91)

ROLLENSPIEL

Vorzubereiten: Ein (Kinder-)Telefon besorgen – für die Gemeinde sicht- und hörbar hinstellen

Das Telefon klingelt:

B   nimmt den Hörer ab und legt nach kurzer Zeit wieder auf

A   Wer war dran?

B   Weiß nicht. Er hat seinen Namen nicht gesagt!

A   Ja, das kommt vor, dass jemand auflegt ohne einen Namen zu nennen – und sich nicht mal entschuldigt!

B   (Zeigt auf ein dickes Telefonbuch)
Schau dir dieses dicke Buch an, ein Buch voller Namen.

A   Ein Buch voller Nummern.

B   Das klingt hart, schon fast unmenschlich – alle Menschen haben einen Namen.

A   Du hast Recht. Wenn man jemand persönlich kennt, ist er nicht mehr namenlos.

B   Richtig. Es macht deutlich: Jeder trägt einen Namen.

Das Telefon klingelt.

ÜBERLEITUNG

Ohne Namen sind wir namenlos, anonym und nicht ansprechbar.
Umgekehrt: Durch meinen Namen bin ich ansprechbar, Namen machen mich unverwechselbar. Mein Name ist ein Teil meiner selbst.
Eltern wenden viel Mühe darauf, einen wohlklingenden, geeigneten Namen für ihr Kind zu finden. Die Art und Weise, wie wir den Namen eines anderen Menschen

aussprechen, sagt viel über unseren Gemütszustand. Einen Namen können wir streng und drohend aussprechen oder voller Liebe.

Das nächste Lied besingt den Namen Gottes, in dessen Namen wir diesen Gottesdienst feiern und christliche Gemeinde sind.

LIED   „Wo zwei oder drei…" (EG-RWL 578, EG-NB 564…)

ÜBERLEITUNG   Gleich wollen wir sechs Kinder taufen (Es folgen die Namen der Kinder).

Wir taufen sie *auf den und im Namen Gottes*, der sie bei ihrem Namen ruft. Er verspricht ihnen: Euer Name und mein Name gehören zusammen.

Wir taufen sie *auf den Namen und im Namen Christi*, dessen Namen die Täuflinge von nun an tragen werden.

Wir taufen sie *auf den Namen des Heiligen Geistes*, der sie alle Tage begleitet und erfüllt.

TAUFTEIL   (s.o., Seite 12)

LIED   „Kind, du bist uns anvertraut…"
         (EG-RWL 596, EG-BT 576…, 1.3)

DEUTUNG (mit Zeichenhandlung)

(P. fragt die Kinder, ob sie noch die Namen der Täuflinge wissen…)

Als ich noch zur Schule ging, schrieben sich unsere Mädchen „Botschaften" oder Namen auf den Rücken, die dann zu erraten waren…

Taufe bedeutet, Gott schreibt sich unseren Namen in seine Hände. Er schreibt sie sich „hinter die Ohren", damit er sie nie mehr vergisst, in guten und in schlechten Zeiten, Gott kennt und behält unsere Namen.

Taufe bedeutet: Gott verbindet seinen Namen mit unseren Namen.

(P. stellt Tageslichtprojektor an, auf dem die Folie mit den Namen der Gottesdienstbesucher aufleuchtet [einzelne Namen werden noch einmal vorgelesen] Er/sie schiebt sodann die Folie mit dem Namen „Gott" unter die Namensfolie, sodass der Gottesname durch die Namen der Gottesdienstbesucher hindurchscheint.)

Ich erzähle euch dazu eine Geschichte:

„Stefan ging mit seiner Mutter einkaufen. Auf dem Weg zum Markt kamen sie an einer großen Kirche vorbei. Stefan schaute an der Kirche hoch und sagte: ‚Mutti, guck mal, die großen Fenster sind ja ganz schön schmutzig. Die sehen aber gar nicht schön aus.‘

Die Mutter sagte nichts, sondern nahm Stefan an der Hand und ging mit ihm in die Kirche hinein. Hier waren die Fenster, die von außen ganz grau und schmutzig aussahen, plötzlich strahlend bunt und leuchteten in den hellsten Farben. Da staunte Stefan und er schaute sich die Fenster genau an. Vorne über dem Altar war ein auffallend schönes Fenster zu sehen. Es zeigte eine Figur. Durch die Figur strahlte gerade die Sonne hindurch, so dass sie besonders hell war. Stefan fragte: ‚Mutti, wer ist das?‘ – ‚Da vorne‘, antwortete die Mutter, ‚das ist ein Heiliger, der heilige Martin.‘

Das hatte sich Stefan gut gemerkt.

Ein paar Tage später hatte die Klasse Religionsunterricht. Der Lehrer fragte: ‚Wer von euch kann mir sagen, was ein Heiliger ist?‘ Da war großes Schweigen in der Klasse. Nur Stefan zeigte auf und sagte: ‚Ich weiß es, ein Heiliger, das ist ein Mensch, durch den die Sonne scheint!‘“

(Heinrich Engel, Rechte beim Autor)

So ist es auch mit uns. Wir sollen „Heilige“ werden und durch uns Gott und die Sonne hindurchscheinen lassen.

Der Gottesname macht mir meinen Hintergrund deutlich. Das Bild zeigt mir zugleich: Ich habe viele Geschwister. Wir sind Söhne und Töchter desselben Vaters. Amen.

FÜRBITTEN Gott,
du hast uns bei unserem Namen gerufen.
Du kennst uns und sagst ja zu uns:
Ihr gehört zu mir
und ich will zu euch gehören!

Du hast uns zu deinen Kindern gemacht,
dafür danken wir dir.

Gott, als Getaufte tragen wir deinen Namen.
Wir bitten dich:
Lass deinen Namen deutlich werden,
in dem, was wir denken, sagen und tun.
Befreie uns für den Menschen, der auf uns wartet,
dass wir lernen,
in ihm Bruder und Schwester zu sehen.

Besonders bitten wir dich heute für N.N.,
für ihre Familien und Paten,
Verwandten und Freundinnen und Freunde.
Lass sie im Lachen und Weinen,
Spielen und Fröhlichsein ihre Liebe zueinander spüren
und deine Nähe erfahren.

VATERUNSER

LIED   „Herr, wir bitten: Komm und segne uns…"
(EG-RWL 607, EG-BT 572… – nur Kehrvers)

SEGEN

EIN CLOWN STECKT UNS AN

Biblische Bezüge

Wir sind Narren um
Christi willen… (1.Kor 4,10)

Legt von euch ab den alten Menschen … und zieht den neuen
Menschen an, der nach Gott geschaffen ist in wahrer Gerechtigkeit und
Heiligkeit. (Eph 4, 22.24)

Denn die göttliche Torheit ist weiser, als die Menschen sind, und die
göttliche Schwachheit ist stärker, als die Menschen sind. (1.Kor 1,13)

Weitere Bezüge

Für unsere Planung waren Gedanken von Harvey Cox hilfreich:

„Gleich dem Hofnarren spottet Christus jeder Sitte und verachtet er gekrönte
Häupter. Gleich einem wandernden Troubadour hat er keinen Ort, sein Haupt
hinzulegen. Gleich dem Clown in der Zirkusparade verhöhnt er die gegebene
Autorität, indem er in der Stadt einreitet, umgeben von königlichem Prunk,
während ihm keine irdische Macht zur Verfügung steht. Wie ein Bänkelsänger
besucht er Banketts und Parties. Zum Schluss wird er von seinen Gegnern in
die Spottkarikatur königlicher Gewänder gekleidet. Unter Gekicher und Gespött
wird er gekreuzigt, zu seinen Häupten ein Zeichen, das seinen lachhaften
Anspruch deutlich macht.

Doch warum ein Clown-Christus in einem Jahrhundert der Spannung und des Grauens? Nun, der Clown repräsentiert für verschiedene Leute Unterschiedliches. Für einige ist er der willkommene Kehrichteimer unserer Ängste und Unsicherheiten. Wir können uns über seine tolpatschigen Fehler lustig machen, weil sie ja uns nicht zugestoßen sind. Einigen verdeutlicht er, welch ein absurder Kloß der Mensch ist, und er macht es uns gelegentlich möglich, das sogar zuzugeben. Für andere wiederum demonstriert er unseren eigensinnigen menschlichen Protest, für alle Zeiten in die engen Grenzen der Naturgesetze und der sozialen Besitzverhältnisse eingesperrt zu bleiben. Der Clown unterliegt immer wieder, er wird überlistet, gedemütigt und herumgestoßen, er ist unendlich verwundbar, aber er wird nie endgültig besiegt.

Wenn sie Christus als Clown darstellt, dann fühlt unsere Generation wahrscheinlich mindestens intuitiv, dass das angemalte Lächeln und das scheckige Kleid alle diese vielfältigen Bedeutungen tragen und noch mehr...

In Christus, dem Clown, wird unsere spielerische Würdigung der Vergangenheit deutlich und unsere komische Weigerung, die Zukunft als unausweichlich zu akzeptieren. Er ist die Inkarnation von Festlichkeit und Fantasie."

(aus: Harvey Cox, Das Fest der Narren, Kreuz Verlag, Stuttgart/Berlin 1972⁴, Original: The Feast of Fools, Harvard University Press, Cambridge Massachusetts, © 1969 by Harvey Cox)

Technische Vorarbeiten

Es wird eine Person benötigt, die im Improvisieren und Schminken nicht ganz unerfahren ist und die Rolle als Clown überzeugend mit Leben füllen kann. Dabei geht es nicht um Klamauk und „Clownerie", sondern um eine eher stille Rolle an diesem Faschingssonntag mit dem Akzent „Ein anderer werden / in eine andere Rolle schlüpfen".

Benötigte Requisiten (s.u.)

Taufgeschenk: Fingerpüppchen

Verlauf

VORSPIEL

BEGRÜSSUNG

LIED   „Danke für diesen guten Morgen..." (EG 334, 1.2.5.6)

EINGANGSWORTE

GEBET

AKTION Der Clown nimmt im Altarraum mit seinen Schmink- und Verkleidungsrequisiten sowie einem leeren Bilderrahmen (= Spiegel) Platz. Er schminkt sich und vergewissert sich immer wieder im „Spiegel" über die Fortschritte seiner Veränderung. Zum Schluss zieht er sich die typischen Atribute des Clowns über. Die fertig geschminkte und gekleidete Figur zeigt sich noch einmal der Gemeinde und tritt dann ab.

Während des ganzen Vorgangs spielt eine (Quer-)Flöte eine ruhige Melodie.

LIED „Ich möcht mit einem Zirkus ziehn…"
(z.B. ML, B 94,1-4)

DEUTUNG In einem Zirkus haben viele Menschen eine Aufgabe. Da gibt es Jongleure und Artisten, Dompteure, die mit Tigern kämpfen, und …

Einer aber ist besonders beliebt, nicht nur bei Kindern: der Clown. Warum ist der Clown so beliebt? Er sieht lustig aus mit seiner roten Nase, seinem scheckigen Kleid und seinen schrillen Haaren, er ist tolpatschig; über seine Schwächen und seine Missgeschicke kann man sich kaputtlachen. Uns würde das ja nie passieren!

So bringt der Clown die Leute zum Lachen und zum Träumen. Er führt sie von sich weg in eine Zauberwelt. Er führt sie dorthin, wo Schwächen erlaubt sind und belächelt werden dürfen.

Der Clown ist deshalb so beliebt, weil wir uns manchmal im Spiegel des Clowns wiedererkennen – mit unseren Schwächen und Fehlern, weil wir sehen, wie gelassen und leicht er damit umgeht.

Im Bild des Clowns begegnet uns Jesus selbst. Der Jesus-Clown, der Jesus-Narr lädt uns ein:
- „Lernt von mir, über eure kleinen und großen Schwächen zu lächeln (und nicht nur über die der anderen zu lästern).
- Nehmt euch nicht so wichtig. Ihr seid nicht der Nabel der Welt.
- Lasst in eurem Leben Raum auch zum Träumen, zum Spiel, zu Gelassenheit.
- Und: Ich habe ein breites Kreuz – da passt viel drauf. Leitet auf mich ab, was euch beschwert und bekümmert. Ich werde schon nicht daran zerbrechen."
- Leben ist Arbeiten und Feiern, ist Werktag und Sonntag.

Der Christus-Clown verbindet arbeiten und feiern, einatmen und ausatmen, Anspannung und Entspannung miteinander.
Paulus sagt, wir Christen sind Narren, sind Clowns um Christi willen – was wie Schwäche aussieht, ist in Gottes Augen Stärke.
Euch Eltern möchte ich sagen: Lasst euch in eurer Wahnsinnsaufgabe anstecken von diesem Christus-Clown und seiner Gelassenheit im Umgang mit Dingen und Menschen. Lernt lächeln, auch über eure eigenen Schwächen! Gebt den Träumen Raum! Baut auf Christus und sein breites Kreuz das Lebenshaus eurer Kinder. Amen.

LIED	„Ich möcht mit einem Zirkus ziehn…" (z.B. ML, B 94, 5)
TAUFTEIL	(s.o., Seite 12)
	Lied zwischen den Taufen: „Laudate omnes gentes…" (EG 181, 6)
LIED	„Kind, du bist uns anvertraut…" (EG-RWL 596, EG-BT 576 …, 1.3)
FÜRBITTEN	Herr, unser Gott, wir danken dir für diesen Gottesdienst, für die Gewissheit, dass du auch in der närrischen Karnevalszeit deine Hand über uns hältst. Wir danken dir für die Eltern und Paten, dass sie sich hier in deinem Haus im festlichen Rahmen versammelt

und für die Taufe ihrer Kinder entschieden haben. Gib ihnen Kraft und Liebe und den Paten Zeit und Geduld, um die Kinder im Geiste Jesu zu erziehen.

Herr, du hast die Kinder aufgenommen in deine Gemeinde und du weißt, dass sie deine Nähe gespürt haben. Leite sie in eine gute Richtung, lass sie zu lebensfrohen Menschen heranwachsen.
Wir bitten dich: Begleite uns durch die Zeit, damit wir deinem Auftrag, als Christen zu leben, gerecht werden.

VATERUNSER

LIED   „Bewahre uns, Gott, behüte uns, Gott…"
(EG 171, 1-4)

SEGEN

DAS GANZE SEHEN…

Biblischer Bezug

Denn unser Wissen ist Stückwerk … Wir sehen jetzt durch einen Spiegel
ein dunkles Bild; dann aber von Angesicht zu Angesicht. Jetzt erkenne
ich stückweise; dann aber werde ich erkennen, wie ich erkannt bin.
(1. Kor. 13,9.12)

Technische Vorarbeiten

Die Teile des Elefanten nach dem Buch „Sieben blinde Mäuse" (s.u.)
sind aus Tonpapier auszuschneiden und wie Stabpuppen auf Stäben
anzutackern. Die fertige Figur hat etwa die Maße 150 cm × 150 cm.

Kindergartenkinder sind als „Mäuse" verkleidet. Sie operieren mit
den Teilen des Elefanten nach Anleitung.

Als Hintergrund des Spiels hat sich ein dunkles Tuch bewährt. Ein
Tageslicht-Projektor beleuchtet die Szenerie.

Wichtig: Die Teile (Rüssel, Schwanz etc.) werden parallel zur Erzählung präsentiert, werden dann aber wieder entfernt. So wird ver-
mieden, dass man die
Kinder (und sich selber)
um den gewünschten
Effekt bringt.

Falls gewünscht,
kann eine spar-
same Kulisse das
Szenarium
vervollständigen.

Taufgeschenk: Bilderbuch „Sieben blinde Mäuse" (Ed Young, Altberliner Vlg./VVA, Berlin/München 1995)

Verlauf

VORSPIEL

BEGRÜSSUNG

LIED   „Ich singe dir mit Herz und Mund…" (EG 324, 1.2.8)

PSALMWORT / GEBET

LIED   „Ich singe dir mit Herz und Mund…" (EG 324, 12.13)

ANSPIEL   „Das Ganze sehen", Präsentation der Erzählung „Sieben blinde Mäuse"; Erzählvorlage: s. M (Seite 58)

LIED   „Gemeinsam hier in unserm Kreis…" (s.u., Seiten 98 und 100)

DEUTUNG   Kinder sind neugierig. Sie wollen entdecken, zuordnen, identifizieren.

Bilder rufen Erinnerungen ab. Und so erscheint das erste Gebilde als Säule. In Wirklichkeit ist sie jedoch ein Fuß. Sieht ein Rüssel nicht auch manchmal ein bißchen wie eine Schlange aus oder der Stoßzahn wie ein scharfer Speer, ein Kopf wie eine weite Klippe? Ein faseriges Seil ist in Wirklichkeit ein Elefantenschwanz und ein Ohr könnte auch ein Fächer sein.

Und doch ist am Ende alles noch einmal ganz anders. Die weiße Maus sieht nicht nur die Teile, sondern fügt die Teile zu einem Ganzen. Dann wird eben aus Speer und Klippe, aus Schwanz und Fächer – ein Elefant.

Manchmal muss man Abstand nehmen, um das Ganze zu sehen.

Das *Ganze* sehen, das möchten wir alle, Kinder und Erwachsene. Wir begnügen uns nicht mit Teilen oder Teilaspekten. Manchmal möchte ich einen Ballon besteigen, ganz hoch hinauffliegen, dahin, wo sich die Teile zu einem Ganzen fügen. Ich möchte Überblick gewinnen, aber sehe doch immer nur Teile und Ausschnitte. Wir sehen Ausschnitte, denn unser Wissen ist Stückwerk und unser Leben begrenzt.

Als Eltern wollen sie am liebsten schon jetzt den ganzen Lebensweg, das Lebensganze, ihrer Kinder übersehen und sie haben den dringenden Wunsch, dass das Ganze gut werde. Manches an ihrem Kind wird ihnen Rätsel aufwerfen und es werden Merkmale und Entwicklungen kommen, die sich ihnen nicht erschließen. Immer sehen wir nur Teile, immer sehen wir nur Ausschnitte.

Ein Mann aus der Bibel, Paulus, sagt es so: Jetzt erkenne ich nur Teile, jetzt erkenne ich nur stückweise. Am Ende aber werde ich das Ganze sehen. Ich werde erkennen, wie ich erkannt bin – von Gott: als einmalige, unverwechselbare Kostbarkeit, die Helles und Dunkles in sich vereint, wo alles seinen Platz hat.

Ich denke, das ist tröstlich für Eltern und andere Leute. Gott fügt die Teile zu einem Ganzen, zu einer Einheit zusammen. Gott fügt auch die Teile im Leben ihres Kindes, die für Sie vielleicht rätselhaft bleiben werden, zu einem Ganzen zusammen.

Taufe verbindet mit diesem Leben stiftenden, das Ganze erschließenden Gott.

Die Erzählerin schloss mit den Worten: „Wissen in Teilen macht eine schöne Geschichte. Aber Weisheit entsteht, wenn wir das Ganze sehen."

Mit Paulus wird uns zugesagt, dass wir am Ende bei Gott nicht nur Teile, sondern das Ganze sehen und erkennen werden, wozu alles, auch die Teile, auch die Fragmente, gut sind. Amen.

MUSIK ZUM ZUHÖREN

TAUFTEIL   (s.o., Seite 12)

LIED   „Ich bin getauft auf deinen Namen…" (EG 200, 1.2)

FÜRBITTEN

VATERUNSER

LIED   „Herr, wir bitten: Komm und segne uns …"
                   (EG-RWL 607, EG-BT 572 … – nur Kehrvers)

SEGEN

Sieben blinde Mäuse

Sieben blinde Mäuse entdeckten eines Tages etwas Seltsames in der Nähe ihres Teiches.

„Was ist das?", riefen sie überrascht und rannten nach Hause.

Als Erste lief am Montag die rote Maus hinaus, das Geheimnis zu lüften.

„Das ist eine Säule", sagte sie. Niemand glaubte ihr.

Am Dienstag zog die zweite Maus aus. Sie war grün.

„Das ist eine Schlange", sagte sie.

„Nein", sagte die gelbe Maus am Mittwoch. „Das ist ein Speer."

Sie war als dritte an der Reihe.

Die vierte Maus war lila. Sie lief am Donnerstag hinaus. „Das ist eine große Klippe", sagte sie.

Am Freitag machte sich die fünfte Maus auf den Weg. Sie war orange.

„Das ist ein Fächer!

Er hat sich bewegt!"

Die blaue Maus zog am Samstag aus, als sechste.

Sie sagte: „Das ist ein Seil!"

Aber die anderen waren nicht ihrer Meinung. Sie begannen sich zu streiten. „Eine Schlange!" „Ein Seil!" „Ein Fächer!" „Eine Klippe!"

Bis am Sonntag die weiße Maus, die siebente Maus, zum Teich ging. Als sie zu dem seltsamen Ding kam, lief sie an einer Seite hinauf und an der anderen Seite hinunter. Sie lief ganz oben der Länge nach hinüber, von einem Ende zum anderen.

„Ah!", sagte die weiße Maus. „Jetzt verstehe ich.

Es ist fest wie eine Säule,
    geschmeidig wie eine Schlange,
    weit wie eine Klippe,
    scharf wie ein Speer,
    luftig wie ein Fächer,
    faserig wie ein Seil, aber alles in Allem ist es … ein Elefant!"

Da liefen auch die anderen Mäuse an der einen Seite hinauf und an der anderen Seite hinunter. Und als sie ganz oben der Länge nach hinüberliefen, von einem Ende zum anderen, da gaben sie ihr Recht. Jetzt verstanden auch sie.

Die Mäuse-Moral: Wissen in Teilen macht eine schöne Geschichte, aber Weisheit entsteht, wenn wir das Ganze sehen.

LEBEN
IN WACHSENDEN RINGEN

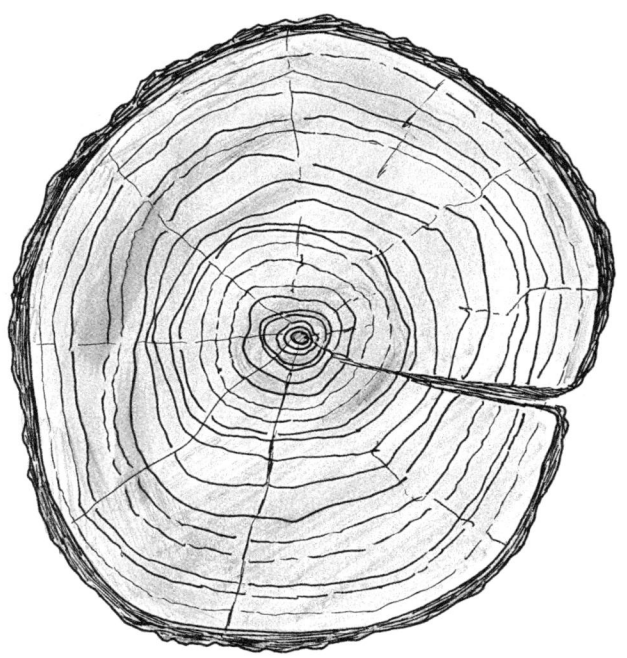

Biblischer Bezug

Wer aus Gott lebt…, der ist wie ein Baum, gepflanzt an den Wasser-
bächen. Seine Frucht bringt er zu seiner Zeit und seine Blätter welken
nicht und was er macht, das gerät wohl.   (nach Ps 1,1-3)

Technische Vorarbeiten

Jede/r Besucher/in erhält am Eingang eine Baumscheibe mit Jahresringen (etwa handteller-groß).

Eine große Baumscheibe (Durchmesser ca. 30 cm) oder entsprechendes
Dia / entsprechende Folie.

Für den vorbereitenden Tauf-Eltern-Abend sind Baumscheiben und
große Dekonadeln mit Papierfähnchen vorzubereiten.

Verlauf

PSALM   **Gruppe 1**   Glücklich der Mensch,
der nicht denkt, was alle denken,
der nicht sagt, was alle sagen,
der nicht tut, was alle tun –
und so seinen Vorteil sucht.

                Gruppe 2   Glücklich der Mensch,
der Gott alles Gute zutraut
und gern hört, was Gott ihm sagt,
und gern tut, was Gott von ihm erbittet.

                Alle

(EG 503, 14)

                Gruppe 1   Ein Baum am Bachufer ist er.
Blätter grünen.
Blüten reifen.
Früchte wachsen.
Was er tut, wird gesegnet sein.

                Gruppe 2   Wie ein Baum seine Wurzeln
ins Erdreich senkt,
so versenke ich mich, Gott, in deine Liebe.

                Alle   „Mach in mir deinem Geiste Raum …"

(nach Ps 1,1-6, in: Dieter Stork, Zukunft, die heute beginnt, © Verlag Katholisches Bibelwerk, Stuttgart 1992)

GEBET

EIN FÖRSTER ERZÄHLT:

Mein Arbeitsplatz als Förster ist der Wald. Ich lasse Bäume pflanzen und Windbruch beseitigen. Kranke Bäume müssen entfernt werden. Ich lasse Bäume fällen, die zu Bauholz und Brennholz verarbeitet werden. Im Wald entsteht so Platz für neue Bäume.

Wenn ein Baum gefällt ist, kann man in sein Inneres hineinschauen: Unter der schützenden Rinde liegen die Ringe, die Jahresringe. Die Jahresringe sind wie ein Tagebuch. Die Jahresringe sind das Gedächtnis des Baumes. Ein gutes Jahr hinterlässt gleichmäßige breite Ringe. Gute Jahre setzen kräftige Zeichen. Wenn das Jahr trocken und sparsam war, dann sind auch die Ringe schmal und eng. Auch Verletzungen zeichnen Spuren in das Holz. Sie bleiben als Narben – von neuem Holz überdeckt.

In der Mitte hat das Leben begonnen. Einmal war diese Mitte ein Same. Aus dem Samen wurde ein Keimling und aus dem Keimling ein Stängel. Der Stängel ist zur schützenden Mitte geworden, zum Kern, dem sich Jahr für Jahr neue Ringe anlagern. Geborgen in ihnen ist die gelebte Zeit.

Das Innere des Baumes ist mir ein sprechendes Zeichen auch für unser Leben:
– für die breiten und schmalen Zeiten,
– für das, was war und sich uns eingeprägt hat,
– nichts ist ungelebt, nichts ist unvergessen.

ZWISCHENSPIEL

AKTION

P. regt an, die zu Beginn erhaltenen Baumscheiben in die Hand zu nehmen sowie Nadel und Papierfähnchen bereitzulegen. Im Rahmen einer kleinen Meditation können folgende Stichworte und Anregungen gegeben werden:
– Rinde ertasten
– mit Finger den Ringen nachfahren
– den eigenen Lebensjahren und den Jahresringen nachspüren
– Was habe ich schon erlebt?
– Was war wichtig – an Schönem / an Belastendem?

– Welche Erfahrung / Begegnung / welches Ereignis hat sich besonders eingeprägt?

P. regt an, den letzten Impuls durch eine (beliebige) Stelle in den Jahresringen durch das Fähnchen mit der Dekonadel zu identifizieren und sich ggf. mit den Nachbar/inne/n auszutauschen.

Die Phase wird begleitet durch leises Orgelspiel.

Das Ende der Meditations- und Gesprächsphase wird durch Gitarrenspiel markiert: „Eines Baumes Ringe".

LIEDVERS	„Du bist da, wo Menschen leben" (z.B. SL 160)
TAUFTEIL	(s.o., Seite 12)
AKTION	Die Baumscheiben der Täuflinge
PASTOR/IN	Auch unsere Taufkinder haben schon ein Stück Lebenszeit gelebt, die Lebenszeit, die sich in Monats- und Jahresringen niederschlägt: ... Monate ist N.N. schon auf dieser Welt, ... Jahre N.N.

Manch einer wird fragen: Was hat denn ein Drei- oder Viermonatskind oder ein Kind von einem Jahr schon groß erlebt?
– Die erste durchgeschlafene Nacht
– Das erste Lächeln
– Das erste Mal „Mama" gesagt
– Das erste Zähnchen.

Taufkinder und Eltern haben aufgeschrieben, was bisher wichtig war, was die Jahresringe in den ersten Monaten oder Jahren schon breit und markant gemacht hat.

Beispiele: Bei N.N. (... Monate alt) war es das erste Lachen, bei N.N. (... Monate) war es die Genesung nach schwerer Krankheit, bei N.N. (... Jahre) der erste Tag im Kindergarten, bei N.N. (...) ein Umzug und der erste Schultag. Bei N.N. (...) war es ...

Noch viele Erlebnisse werden Spuren und Ringe im Lebensbaum der Kinder hinterlassen. Das Wachsen des Baumes braucht eine starke Mitte: Eltern und Paten.

Taufe macht uns darauf aufmerksam, dass wir miteinander – Eltern, Paten und Täuflinge – aus einer starken Mitte leben – aus Christus. Er ist der verborgene

Lebensgrund. Er trägt unseren Lebensbaum. Er lässt ihn wachsen und gedeihen.

Wir wünschen den kleinen und großen Täuflingen
– starke Wurzeln,
– einen tragfähigen Stamm mit starker, stützender Mitte und kräftigen Jahresringen,
– Früchte am Baum des Lebens für euch und andere.
Amen.

LIED   „Kind, du bist uns anvertraut…"
(EG-RWL 596, EG-BT 576 …, 1.3)

FÜRBITTEN   Wir danken dir, Gott, für unsere Kinder.
Sie haben alles, was sie zum Menschsein brauchen:
Augen und Ohren, Hände und Mund, Verstand und
Gefühl, Phantasie und schöpferische Begabung.
Sie werden die zärtlichen Worte der Liebe vernehmen
können. Sie werden hören können, was die zu ihnen
sagen, die es gut mit ihnen meinen. Sie werden es kritisch bedenken können, um selbst einen Weg zu finden.
Sie werden sehen können, wie schön deine Welt ist.
Ein Kind auf seinem Weg begleiten, Herr, das ist wie
einen Baum wachsen sehen:

Gib uns Herr, dass wir selbst mit unseren
Hoffnungen und Träumen, mit unserem Vertrauen
und unserem Mut, mit unseren Ängsten und
unserem Zweifel das Fundament sind, das ihnen
einen sicheren Stand verleiht.
Gib uns, Herr, dass es ein Baum wird, der Schutz gibt,
unter dem die Kinder sich sicher fühlen und auch
Andere Schutz finden.
Wir wünschen uns, dass er den Stürmen und
der Hitze des Lebens standhält und doch auch offen
ist für das Leben.

Gott, wir haben so viele Wünsche und wir wollen
dazu tun, was wir können.
Aber wir bitten dich um deine Mithilfe. Deshalb haben
wir dir unsere Kinder in der Taufe anvertraut. Amen.

VATERUNSER

LIED   „Halte zu mir, guter Gott…" (EG-BT 641…, 3.4)

SEGEN

DAS HEMD
DES GLÜCKLICHEN

Biblische Bezüge

Der du in Licht gehüllt bist wie in ein Kleid. (Ps 104,2)

Bringt schnell das beste Kleid herzu und zieht es ihm an. (Lk 15,22)

Zieht den Herrn Jesus Christus an! (Röm 13,14)

Ihr alle habt Christus angezogen. (Gal 3, 27)

Nun legt alles von euch ab (Zorn, Grimm, Bosheit, Lüge), denn ihr habt den alten Menschen ausgezogen und den neuen angezogen… (Kol 3,8f)

Zieht den neuen Menschen an, der nach Gott geschaffen ist in wahrer Gerechtigkeit und Heiligkeit. (Eph 4,24)

Technische Vorarbeiten

Mitglieder des Taufkreises haben im Vorfeld des Taufelternabends einfach geschnittene Tauf- und Segenskleider (s. Fotos) angefertigt.

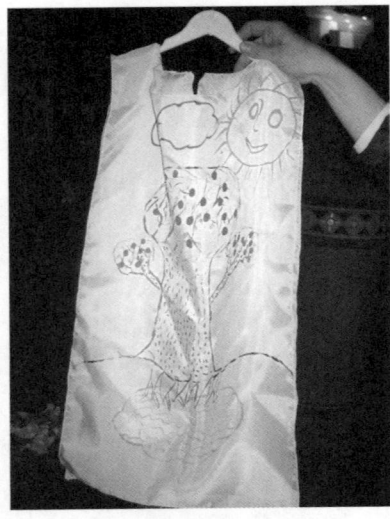 

Mit Hilfe von Stoffmalstiften werden die Kleider nach einem intensiven Gespräch zur Taufe und zur Symbolik des Taufkleides geschmückt: Bildmotive – Symbole – Name des Kindes – Taufspruch etc.

Im vorliegenden Falle zierte Benjamins (7 Jahre) Kleid ein Baum. Dieses von den Eltern gewählte Symbol wurde in Absprache mit ihnen im Taufspruch Jer 17,8ff aufgenommen: Wachsen, Frucht bringen, verwurzelt sein waren Assoziationen der Eltern zu ihrem Symbol.

Julius' (4 Monate) Segenskleid zierten Wasser (= Leben stiftendes Element und bewusste Erinnerung an die Taufe) und Sonne (= Fröhlichkeit, Helligkeit im Leben).

Text nach L. Tolstoi vorbereiten, Sprecher festlegen (s. **M**).

Dias bemalen zu den in **M** kursiv gedruckten Motiven

Taufgeschenk: Schmuckblatt mit der Tolstoi-Erzählung und dem Wortlaut von Eph 4,24.

Verlauf

VORSPIEL

BEGRÜSSUNG

LIED   „Morgenlicht leuchtet…" (EG 455, 1-3)

EINGANGSWORTE

PSALM IM WECHSEL

> Gott, du bist kostbar. Dein Himmel belebt mich.
>
> Aus deiner Weite kann ich Luft holen.
> Deine Sonne wärmt mich. Sie öffnet meine Poren.
>
> Deine Wolken wölben sich über mir
> wie eine weiche Decke.
>
> Dein Regen netzt meine Wangen, dass sie erfrischen.
>
> Du schmückst die ganze Schöpfung
> mit einem bunten Kleid.
>
> Tieren und Menschen schenkst du darin ihr Zuhaus
> mit allem, was das Herz erfreut.
>
> Gott, du bist kostbar.
>
> *(aus: Beratungsstelle für Gestaltung, Die weiteren Amtshandlungen,
> Materialheft 52, Frankfurt/M. 1988, S. 77, gekürzt)*

GEBET

ERZÄHLUNG (mit Dias)

          „Das Hemd des Glücklichen" (s. **M**)

LIED   „Hört, wen Jesus glücklich preist …"
          (EG-RWL 670 …, 1.2.5.6.8)

ANSPRACHE   Seit den frühen Tagen der Menschheit machen sich die
          Menschen Kleider. Das ist verständlich, denn Kleider
          – bieten Schutz (gegen Witterung, Regen, Schnee,
              Kälte, Hitze …)
          – hüllen ein und umhüllen
          – bedecken die Nacktheit
          – schenken Geborgenheit.

          Mal sind die Kleider schlicht und praktisch, mal prunk-
          voll und unendlich kostbar.

Das Märchen von Tolstoi weist uns darauf hin, dass Glück nicht von der äußeren Beschaffenheit eines Kleides abhängt, nicht von dem was man *hat*, sondern von dem, was man *ist*.

So gesehen ist oft der Arme glücklich, ob er nun ein Bettelkleid trägt oder eines von Dior oder gar kein Kleid. Der Arme weiß sich geliebt, er ist dankbar. Wichtig ist nicht, was einer *hat*, sondern was einer *ist*.

Taufe erinnert daran, was einer vor Gott ist:
– ein unverwechselbares Geschenk
– eine einmalige Kostbarkeit
– Ebenbild Gottes
– ein neuer Mensch.

Das Taufkleid nimmt diesen Gedanken auf:
Früher, als Erwachsene getauft wurden, wurde das noch deutlicher: Sie legten vor der Taufe die alten Kleider (= den alten Menschen) ab, sie tauchten unter und, nachdem sie wieder aufgetaucht waren, zogen sie das neue Kleid (= den neuen Menschen) an.
Geblieben ist der Gedanke, dass Taufe bedeutet: Christus anziehen wie ein neues Kleid. Wer wie N.N. getauft wird, wird überkleidet mit dem farbigen, wärmenden und bergenden Kleid der Liebe Gottes; er gehört zu Christus.

Sie haben als Eltern mit großer Liebe und Fantasie die Tauf- und Segenskleider für ihre Kinder angemalt – so schön sind sie geworden!
– (Benjamins) Kleid ziert ein Baum. Der Baum weist uns auf Wachsen und Fruchtbringen und Verwurzeltsein hin.
– (Julius') Kleid zeigt Wasser (= Leben / Taufe) und Sonne (= Helligkeit und Fröhlichkeit im Leben).

Wer sich durch die Taufe von Gottes Liebe umhüllen lässt wie mit einem Kleid, der ist gesegnet. Gesegnet und umhüllt ist er wie in eine Glückshaut, wie in ein Hemd des „Glücklichen".

Wer sich durch die Taufe von Gottes Liebe umhüllen lässt, der ist wie ein Baum, der seine Wurzeln zum Bach hinstreckt. Frucht wird er tragen. Seine Blätter werden nicht verwelken.

Taufe heisst: von Gott umkleidet sein wie mit einem Kleid, eingehüllt sein in Liebe und Hoffnung, in Segen und Glück. Glück und Segen mögen die Täuflinge auf all ihren Wegen begleiten. Nicht was man hat, sondern was man ist, ist entscheidend für das Leben: von Gott geliebt zu sein. Amen.

LIED   „Wo zwei oder drei…"
(EG-RWL 578, EG-NB 564…)

TAUFTEIL   (s.o., Seite 12)
Jeweils nach der Taufe werden die Täuflinge mit dem Segenskleid überkleidet.

LIED   „Ich bin getauft auf deinen Namen…" (EG 200, 1f)

TAUFERINNERUNG

FÜRBITTEN

VATERUNSER

LIED   „Bewahre uns, Gott…" (EG 171, 1-4)

SEGEN

NACHSPIEL

Das Hemd des Glücklichen   M

(Nach einer Erzählung von Leo Tolstoi)

Es waren einmal ein *König* und eine *Königin*, die hatten einen *Sohn*. Der sollte einmal ihr Reich erben. Eigentlich hätter der Prinz glücklich sein können, denn es fehlte im an nichts.

Aber er war nicht glücklich. Keiner wusste, warum der Prinz so traurig und unglücklich war.

Vielleicht ist er krank, dachte der König. Ein *Arzt* soll kommen. Der Arzt kam, untersuchte den Patienten und verordnete: Haferschleim ohne Milch und Zucker, Kartoffeln ohne Soße – und das 3mal täglich. Doch die Diät half nichts.

Der König ließ den *Sterndeuter* kommen. Der schaute durch sein Fernrohr. Und was sah er? Der Sterndeuter sagte: „Wenn der Prinz wieder lacht, ist er glücklich!" Doch das wusste der König auch schon vorher – und wütend warf er den Sterndeuter aus dem Palast.

Jetzt konnte nur noch der *Weise* helfen. Der dachte lange, lange nach. Dann sagte er zum König:
„Irgendwo in deinem Reich lebt ein Glücklicher. Sein Gewand müsste man finden. Denn wer das Gewand des Glücklichen anzieht, wird selbst glücklich. – Ich will mich mit dem Prinzen auf die Suche machen."

Lange waren *die beiden unterwegs.* Aber den Glücklichen konnten sie nicht finden. Manche waren reich – aber krank oder traurig.

Andere waren gesund und reich, aber sie hatten Streit. Etwas fehlte immer. Wo war nur der Glückliche?

Eines Abends kamen sie im Wald an eine *ärmliche Hütte.* Als sie an der Hütte angelangt waren, hörten sie einen Menschen mit sich selber reden:
„So, das war ein schöner Tag. Die Arbeit hat mir Spaß gemacht. Zu Essen hatte ich auch. Jetzt bin ich satt und müde. Ich leg' mich schlafen. Was will ich mehr. Ich bin ein glücklicher Mensch. Ich bin ein glücklicher Mensch!". Da sprachen die beiden zueinander: „Der Glückliche! Wir haben ihn gefunden. Jetzt brauchen wir nur noch sein Gewand."

Sie klopften an und der Glückliche bat sie herein.

Der Weise sagte zu dem Fremden: „Wir haben gehört, dass du gesagt hast: Ich bin ein glücklicher Mensch! Die Leute sagen, wer deinen Mantel anzieht, wird auch glücklich. Bitte, gib dem armen Prinzen deinen Mantel. Du bekommst sehr viel Geld dafür!"

Da sagte der Glückliche: „Ich besitze gar kein Gewand."

„Und wieso bist du glücklich?", fragte der Prinz.

Da erwiderte der Glückliche: „Glücklich wird man nicht von dem was man hat, sondern von dem was man ist. Ich bin glücklich."

(Leo N. Tolstoi, Das Hemd des Glücklichen, aus: D. Steinwede, Hg., Das Hemd des Glücklichen. Ein Arbeits- und Vorlesebuch, Gütersloher Verlagshaus Gerd Mohn, Gütersloh 1976, Seite 120 f.)

JEDES KIND
BRAUCHT EINEN ENGEL

Biblische Bezüge

Denn er hat seinen Engeln befohlen, dass sie dich behüten auf allen deinen Wegen. (Ps 91)

Der Herr ist mein Hirte … Dein Stecken und Stab trösten mich. (Ps 23)

Und es waren Hirten in derselben Gegend auf dem Felde … Und der Engel des Herrn trat zu ihnen … Und der Engel sprach zu ihnen: Fürchtet euch nicht! Siehe, ich verkündige euch große Freude … denn euch ist heute der Heiland geboren … (Lk 2,8ff)

Als sie (die Weisen) aber hinweggezogen waren, siehe, da erschien der Engel des Herrn dem Josef im Traum und sprach: Steh auf, nimm das Kindlein und seine Mutter mit dir und flieh nach Ägypten … (Mt 2,13ff)

Technische Vorarbeiten

Aus Draht und Pappmaschee ist eine ca. 150 cm große Engelfigur herzustellen, die im Gottesdienst, aber auch in verschiedenen Gruppen, zur Vorbereitung auf den Gottesdienst beschrieben, bemalt, beklebt werden kann.

Zu unserer Vorbereitung haben sich Konfirmanden, Senioren, Grundschulkinder und Taufeltern an der „Schmückung" des Engels als Engelfigur beteiligt.

Für die eigene Auseinandersetzung standen zur Verfügung:

- Lieder mit dem Motiv des Engels
- Gedichte/Texte
- Bilder (Kitsch und Kunst)
- Werbebroschüren mit dem Engelmotiv
- Märchenwolle (zum Basteln von Engeln)

Die eigenen Vorstellungen wurden im Rahmen von Schreibwerkstätten z.B. in Form von „Elfchen" oder Geschichten („Wie/wo mir jemand zum Engel wurde") entwickelt und dann auf die Engelfigur aufgeklebt.

Ursprünglich war daran gedacht, den fertig geschmückten Engel nach dem Tauf- und Familiengottesdienst am 1. Advent in der Vorweihnachtszeit durch die Gemeinde wandern zu lassen (Grundschule – Supermarkt – Vorraum der Kirche – div. Weihnachtsfeiern). Aus zeitlichen Gründen ist diese Idee dann doch nicht realisiert worden.

Variante: Die Trägerfigur kann einfacher (unter Verzicht auf die Dreidimensionalität) mit Hilfe eines stärkeren Kartons hergestellt werden, auf den die Engelumrisse übertragen und ausgeschnitten werden.

Verlauf

VORSPIEL

BEGRÜSSUNG

LIED   „Macht hoch die Tür…" (EG 1, 1-3.5)

ERÖFFNUNG MIT PSALMWORT UND GEBET

LIED   „Das wünsch ich sehr…" (EG-NB 608 …)

ÜBER ENGEL NACHDENKEN
           (knappe Hinweise auf Engel in der Vorweihnachtszeit und in der Bibel)

LIED

1. Hän-de wie dei-ne wie du sein Ge-sicht, und blickt er dich an, dann er-kennst du ihn nicht. Viel spä-ter fällt dir ein : Das kann ein En - gel, wirk-lich, ein En - gel ge - we-sen sein. sein.

2. Hirten erschrecken
inmitten der Nacht
und haben zum Stall
auf den Weg sich gemacht
Von Gott geschickt allein!
Das muss ein Engel,
wirklich, ein Engel
gewesen sein.

3. Frauen am Grabe
Sie weinen vor Not.
Doch einer sagt da:
„Seht, er ist nicht mehr tot!
Und ihr dürft fröhlich sein!"
Das muss ein Engel,
wirklich, ein Engel
gewesen sein.

(Text: Rolf Krenzer, Musik: Detlev Jöcker, Buch, CD und MC: „Weihnachten ist nicht mehr weit", Alle Rechte im Menschenkinder Verlag, 48157 Münster)

DEUTUNG Weihnachtszeit ist Engel-Zeit:
– ein Engel kündigt dem alten Priester *Zacharias* die Geburt des Johannes an, den wir den Täufer nennen (Mt 1,19ff)
– der Engel Gabriel weiht *Maria* in das Geheimnis ein: „Du wirst schwanger werden, den Heiland der Welt wirst du gebären" (Lk 1,13ff)
– ein Engel sagt's den *Hirten*, was in Nazareth Großes geschehen ist: Gott wird ein Kind (Lk 2,8ff)
– ein Stern wird den *weisen Männern* zum Engel und zeigt ihnen den Weg zum Kind (Mt 2,1ff)

– ein Engel erscheint *Josef* im Traum, warnt vor der tödlichen Gefahr, die von Herodes ausgeht, und verhilft der jungen Familie zur Flucht nach Ägypten (Mt 2,13ff).

Weihnachtszeit ist Engel-Zeit. Immer wieder sind Engel im Spiel: Sie erscheinen im Traum – sie stärken und trösten – sie raten und setzen in Bewegung – sie verkünden gute Botschaften – sie begleiten in Gefahren.

Kein Wort von weißen Kleidern oder von Flügeln oder von goldenen Haaren finden wir dort. Jede/r kann für jede/n zum Engel werden.

Was die Engel *sagen*, ist allein wichtig. Was die Engel sagen, sind gute Worte, sind gute Botschaften, Botschaften von Gott. Es ist, als ob Gott selber spräche. Wo Engel sind, kommt Gott ins Spiel:
– im Traum und am Tag
– im Glück und im Leid.

Engel sind Hände, Füße, sind Mund Gottes. Wo Engel sind, kommt Gott ins Spiel. Wo Engel sind, verbinden sich Himmel und Erde.

Eltern wollen für ihre Kinder das Beste und geben ihr Bestes. So werden sie für ihre Kinder zu Engeln – sie trösten und richten auf … Jedes Kind braucht seinen Engel.

Eltern wissen aber auch, dass sie selbst, dass wir alle, dass Ihre Kinder aus Lebensgründen leben, die wir, die Sie nicht gelegt haben. Diese Lebensgründe tragen uns, wenn andere Stützen längst zerbrochen sind.

Ich verstehe die Worte und Bilder der Eltern auch aus diesem Zusammenhang: *(Larissas) Eltern* haben in ihrem Bild ausgedrückt: („Ohne Engel wäre die Welt lieblos. Sie wäre voller Ängste, Depressionen, Verzweiflung, Trauer und Wut. Engel geben Larissa Wärme, Sicherheit, Geborgenheit und Güte.")

(Andrés) Eltern bringen in ihrem Bild zum Ausdruck: („Engel sind der Stamm des Lebensbaumes unseres Kindes. Engel haben Eigenschaften, die die Äste des Baumes bilden: Angst lösend, freundlich zupackend,

mächtig bewahrend, beschützend, führend, Kraft verleihend, tragend und hilfreich. Die Wurzeln des Baumes bilden die Familie, Patentante und -onkel, Mami und Papi. Sie können zu Engeln werden.")

(Steffens) Eltern haben sich in ihrem Engelbild leiten lassen durch (Psalm 91: „Denn seinen Boten befiehlt er, dich zu behüten auf all deinen Wegen. Auf den Händen tragen sie dich. An einen Stein könnte sonst dein Fuß stoßen. Hoffnung, Glaube sind die lebensgeschichtlichen Perspektiven im Leben von Steffen. Leben, das Höhen und Tiefen haben mag. Begleitet ist er dabei von dem Engel Gottes, der ihn auf diesem Weg durchs Leben nicht allein lässt.")

Jedes Kind braucht einen Engel. Jedes Kind hat einen Engel. Die Bibel ist voller Engel- und Weggeschichten, ist voller Zusagen, dass unsere Wege begleitete Wege sind. Psalm 23 sagt es so: „Der Herr ist mein Hirte" (wie ein Engel ist er mir).

Taufe ist sichtbare Zusage, dass Gott das Leben ihres Kindes trägt und dass gute Mächte die Tage und Wege unserer Täuflinge begleiten. Amen.

Lied   „Hände wie deine…" (Strophen 4 und 5)

4. Hände wie deine.
   Er tut was für dich.
   Und du fragst: Warum
   tut er so was für mich?
   Und sagst entschieden: Nein!
   Das kann kein Engel,
   wirklich, kein Engel
   gewesen sein.

5. Hände wie deine,
   wie du sein Gesicht.
   Und er kommt von Gott,
   und du weißt es noch nicht
   und du wirst nie sicher sein.
   Das kann ein Engel,
   wirklich, ein Engel
   gewesen sein.

(Text: Rolf Krenzer, Musik: Detlev Jöcker, Buch, CD und MC: „Weihnachten ist nicht mehr weit", Alle Rechte im Menschenkinder Verlag, 48157 Münster)

TAUFTEIL	(s.o., Seite 12)
LIED	„Gott, der du alles Leben schufst…" (EG 211, 1f)
TAUFERINNERUNG	
LIED	„Gott, der du alles Leben schufst…" (EG 211, 4f)
FÜRBITTEN	Gott, du kommst zu uns im Advent.

Der Anfang ist gelegt zu einer neuen Welt.
Lass die Freude wachsen
und mit ihr die Hoffnung, die Menschen brauchen,
um zu leben.

Lass uns erkennen, Gott, die Engel in unserem Leben,
die uns trösten und wärmen,
deren Wort uns beflügelt und uns weitergehen lässt,
lass uns sehen Gott, die Engel, im menschlichen Antlitz
und rufe in uns wach, alle guten Gedanken, die in uns
schlummern,
in Herz und Hirn und Leib und Seele,
alles, was wir oft vergessen und für unnütz halten,
das freundliche Wort und den guten Blick,
die einfache Weise miteinander umzugehen,
als wären wir ohne einander gar nicht möglich.

Dir befehlen wir unsere Täuflinge…,
ihre Eltern und Paten an.

VATERUNSER	
SEGEN	
LIED	„Von guten Mächten treu und still umgeben…" (EG-RWL 652, EG-BT 637… – nur Kehrvers)

KRONEN SIND ZEICHEN

Biblischer Bezug

Passions- und Ostergeschichten

Technische Vorarbeiten

Nach dem Muster von **M** ist aus stärkerem Kartonpapier eine „Krone" mit ca. 8 Segmenten zu erstellen. Jedes Segment hat eine dunkle Innen- und eine helle Außenseite.

Die Segmente der dunklen *Seite* werden mit Motiven des Leidens/ der Passion gefüllt (malen / kleben …).

Die hellen *Segmente* tragen Lebens- und Auferstehungsmotive (Sonne / Blüte / Ei(er) / Lied / Regenbogen / Hase / tanzende Kinder / lachende Gesichter / offenes Grab / Blütenranke oder Buchsbaum durchlaufend…).

Die Arbeitsschritte sind im Einzelnen:
– Ausschneiden der hellen und der dunklen Segmente.
– Die Außen- und Innensegmente werden aufeinander geklebt.
– Sie werden mit Passions- bzw. Ostermotiven gefüllt.
– Die einzelnen fertigen Doppelsegmente werden miteinander beweglich verbunden (Draht / Papierscharniere o.ä.). An einer Stelle muss die Krone offen bleiben bzw. leicht (ver)schließbar sein.

Im Gottesdienst wird zunächst die Passionskrone mit den „dunklen" Motiven im Mittelpunkt stehen. Nach einem Zwischenspiel bzw. Lied wird die Krone geöffnet und die bisherige Innenseite („Osterseite") wird sichtbar.

Die Krone sollte auf einen runden Karton gestellt werden, der seinerseits auf einer drehbaren Tortenplatte o.ä. ruht. Auf diese Weise wird die Krone drehbar.

Farben und Details der Krone treten deutlicher hervor, wenn man sie während der Betrachtung mit einem Tageslicht-Projektor anstrahlt.

Ein helles Segment bleibt (zunächst) frei. Es wird später im Gottesdienst von den Kindern mit Blumen geschmückt. Blumen / Blüten mit einem möglichst festen Stil sollen dann mit Power-Strips o.ä. auf das Segment geklebt werden.

Hinweis: Der Entwurf verarbeitet in Thema und Realisierung Anregungen aus: was + wie, 1/1995, S. 11ff.

Verlauf

VORSPIEL

BEGRÜSSUNG

LIED   „Lobet den Herren alle, die ihn ehren…"
                 (EG 447, 1-3.7)

EINGANGSWORTE

KYRIEGEBET MIT KYRIERUF (EG 178, 9)

KRONE (I)   Ich sehe die Umrisse einer Krone. Sie ist dunkel, dunkel
wie Trauer, dunkel wie Nacht, dunkel wie der Tod.

Ich drehe die Krone und sehe Zeichen des Leidens und
der Passion Jesu. Konfirmanden haben diese Symbole
gemalt und gestaltet (einzelne Symbole werden vorgestellt).

Die Krone erinnert mich an die Leidens- und Dornen-
krone, die Jesus von rauen Kriegsknechten aufgesetzt
wurde (ggf. narrative Nachzeichnung von Passions-
elementen aus den Evangelien).

LIED

Kronen sind Zeichen von Würde und Macht, doch manche Stärke zer-
brach über Nacht, schnell war der Ruhm mancher Krone beendet,
Glanzvolles hat sich in's Unglück gewendet. Menschen sie irren, doch
Gott kommt voran: Christus, den König, den schauet euch an!

(Texte und Melodie: Wolfgang Longardt)

KRONE (II)   14 Tage sind seit Ostern vergangen, seit Ostern, dem Tag,
seit dem alles anders ist. Was vorher dunkel war, wird
hell. Nacht wird zum Tag, der Tod gebirt neues Leben.
Das dunkle Grab ist offen, der im Tod war – er lebt!

Die Passionskrone ist zur Lebenskrone geworden. Die
Zeichen des Leidens und der Passion, sie sind nicht einfach weg (Hinweis darauf, dass sie auf der Rückseite

immer noch vorhanden sind). Aber das neu gewonnene Leben hat auch den Schattenseiten des Lebens eine neue Dimension gegeben. Ich sehe Zeichen neuen, erwachenden Lebens, die Sie als Taufeltern in die Elemente der Lebenskrone eingezeichnet haben. Ich sehe Blumen, die Sie gedeutet haben: Menschen werden in die Welt hineingeboren, Leben blüht auf. Erwachendes Leben ist wie Frühling nach einem Gewitter, so haben Sie Ihre Bilder gedeutet.

N.N. ... – jedes dieser Kinder ist nicht nur ein Zeichen des Lebens und des neuen Lebens, sondern auch ein Zeichen der Auferstehung und der neuen Schöpfung.

Die frühe Kirche hat nur einmal im Jahr getauft und das war in der Osternacht. Sie wollte und will damit deutlich machen: Jeder Täufling, jedes Kind ist ein Auferstehungs- und Ostersymbol oder in unserem Bild: In der Taufe wird jedem unserer Taufkinder die Krone des Lebens aufgesetzt. Amen.

LIED	„Kronen sind Zeichen ..." (s.o., Wiederholung)
AKTION	P. lädt die Kinder ein, das noch freie Ostersegment mit Blumen zu schmücken. Parallel dazu Flöten
LIED	„Alle Knospen springen auf..." (z.B. SL 194, 1-4)
TAUFTEIL	(s.o., Seite 12)
	Lied zwischen den Taufen: EG 211, 1f
	Lied nach den Taufen: EG 211, 4f

TAUFERINNERUNG

FÜRBITTEN

VATERUNSER

LIED	„Wir wollen alle fröhlich sein" (EG 100, 1.5)
SEGEN	

13 cm

22 cm

21 cm

„... UND SIE FINGEN AN, FRÖHLICH ZU SEIN"

Vorbereitung

Zur Präsentation des Spiels werden Stabpuppen benötigt, die zuvor angefertigt werden müssen. Ferner haben wir die wechselnden Kulissen durch farbige Folien (s. **M**) in Szene gesetzt.

Biblischer Bezug: Lk 15,11ff

Verlauf

VORSPIEL

BEGRÜSSUNG

LIED   „Die güldene Sonne..." (EG 444, 1-4)

ERÖFFNUNG

PSALM 23 (im Wechsel)

> Der Herr ist mein Hirte,
> mir wird nichts mangeln.

>> Er weidet mich auf einer grünen Aue
>> und führet mich zum frischen Wasser.

> Er erquicket meine Seele.
> Er führet mich auf rechter Straße um seines Namens
> willen.

>> Und ob ich schon wanderte im finstern Tal,
>> fürchte ich kein Unglück;

> denn du bist bei mir,
> dein Stecken und Stab trösten mich.

>> Du bereitest vor mir einen Tisch
>> im Angesicht meiner Feinde.

> Du salbest mein Haupt mit Öl
> und schenkest mir voll ein.

>> Gutes und Barmherzigkeit werden mir
>> folgen mein Leben lang,
>> und ich werde bleiben im Hause des
>> Herrn immerdar.

(Lutherbibel, revidierter Text 1984, © 1985 Deutsche Bibelgesellschaft, Stuttgart)

LIED   „Danket, danket dem Herrn…" (EG 336)

GEBET

ANSPIEL   „Ein Vater hatte zwei Söhne" (s. **M1/2**, Seite 89ff)

DEUTUNG   Eine schöne Geschichte ist das – aber ein bißchen unheimlich ist mir dieser Vater schon:

– Der wird nicht wütend, als der jüngere Sohn sein Erbe verlangt.
– Der versucht nicht, ihn zurückzuhalten, obwohl ihm sicher das Herz blutet.
– Der knallt nicht die Tür zu, als dieser Nichtsnutz abgerissen und abgebrannt nach Hause kommt. Er macht ihm keine Vorwürfe, keine lauten Worte fallen. Er ist nicht rechthaberisch.

Stattdessen läuft er ihm entgegen. Er küsst ihn. „Schön, dass du wieder da bist. – Wie habe ich mich auf diesen Augenblick gefreut!"

Er kleidet ihn neu ein. Er richtet ihm ein Fest aus.
„Er lebt! Der Totgeglaubte – er lebt!"
Alle sollen teilhaben an dieser Freude über das wieder-gewonnene, neugeborene Leben. Alle sollen teilhaben, alle sollen sich mitfreuen. Auch der ältere Sohn!

Unheimlich ist er mir schon, dieser Vater, der so gar nicht zu meinem Rollenverständnis als Vater passt.
Doch möchte ich mich als Vater von diesem Vater anstecken lassen:
– Anstecken lassen von seiner tiefgründigen Liebe und Verlässlichkeit. Wie sollen denn unsere / Ihre Kinder dem Leben vertrauen können, ohne solche Liebe und Verlässlichkeit, die Kinder ins Leben begleitet? Ohne die Gewissheit: Was auch kommen mag, irgendwo gibt es einen Ort, einen Hafen, da bist du immer willkommen!
– Ich möchte mich anstecken lassen von der Groß-zügigkeit dieses Vaters. Sie breitet die Arme aus wie einen wärmenden, bergenden Mantel, wie einen Mantel voller Liebe. Wie sollen denn Kinder groß-zügig werden können, ohne die Erfahrung solcher Großzügigkeit bei ihren Eltern?
– Schließlich: Ich möchte als Vater – wie dieser Vater – meinen Kindern Raum geben, damit sie sie selbst werden können, nicht meine Abziehbilder. Sie sollen sich entfalten und ggf. anders werden können, als es mir lieb ist. Eigenständige, starke, unabhängige Per-sönlichkeiten sollen sie werden, die eigene Wege gehen. Wie sollen sie selbständig werden, wenn wir sie nicht aus Liebe freigeben?

In der Taufe ihrer Kinder legt Gott einen verlässlichen Grund. – Der ist randvoll mit Liebe, die ein Leben lang – auch durch Durststrecken – trägt.

Gott begleite sie und ihre Kinder. Amen.

LIED

Wir sin-gen vor Freu-de, das Fest beginnt, wir freu-en uns, dass wir zusammen sind. Wir wir zusammen sind Hin und her, her und hin, hier singt einer, dort singt einer, Hand in Hand und Schritt vor Schritt, vie-le, vie-le, viele fei-ern mit.

2. Wir springen vor Freude … Hier springt einer …

3. Wir klatschen vor Freude … Hier klatscht einer …

(Text: Eckart Bücken, Melodie: Peter Janssens, aus: So kann das Spiel beginnen, 1973; alle Rechte im Peter Janssens Musik Verlag, Telgte – Westfalen)

TAUFTEIL   (s.o., Seite 12)

LIED   „Gott, der du alles Leben schufst…"
(EG 211, 1.2, 4.5)

FÜRBITTEN

VATERUNSER

LIED   „Bewahre uns, Gott, behüte uns, Gott…" (EG 171, 1)

SEGEN

Spiel: „Ein Vater hatte zwei Söhne" **M1**

mit Stabpuppen und **M2**
Folien-Kulissenbildern

1. Szene: Erbteilung und Auszug

Ein Mann hatte zwei Söhne. Sie arbeiteten mit ihm auf dem Hof und auf den Feldern. Eines Tages sagte der Jüngere zu seinem Vater: „Gib mir schon jetzt das Geld, das ich einmal von dir erben werde. Ich will in die Welt hinausziehen und dort mein Glück suchen."
Der Vater war einverstanden. Er gab dem Sohn das Geld. Der zog damit fort in die Fremde

2. Szene: In der Fremde

Der Sohn hatte nun viel Geld. Er lebte fern von zu Hause herrlich und in Freuden. Oft traf er lustige Leute. Bei Musik und Tanz, bei Essen und Trinken verschwendete er das gesamte Vermögen.

MUSIK EINSPIELEN

3. Szene: Dem Sohn geht's schlecht

Nun war er plötzlich arm. Seine Freunde hatten ihn verlassen.
Er ging zu einem reichen Mann und bat ihn: „Lass mich für dich arbeiten! Ich nehme jede Arbeit an, die du mir anbietest!"
Der Mann schickte ihn aufs Feld zu den Schweinen. Das war eine unwürdige Arbeit. Er musste sogar bei den Schweinen schlafen. Wie gerne hätte er etwas von dem Schweinefutter gegessen. Aber selbst das dufte er nicht.

4. Szene: Entschluss zur Umkehr

Hungrig und verlassen von allen dachte der Sohn an seinen Vater. Er erinnerte sich, dass sein Vater die Knechte immer gut behandelt hatte.
„Sie haben genug zu essen und ich komme hier vor Hunger um."
Dann kam ihm der Gedanke: „Vielleicht könnte ich bei meinem Vater arbeiten? Besser als Knecht bei meinem Vater, als hier hungrig und elend sterben."

(Am Tiefpunkt des Sohnes in der Fremde: Lied „Aus der Tiefe rufe ich zu dir..." [EG-RWL 655, EG-NB 597..., 1-3])

Er ließ alles stehen und liegen und machte sich eilig auf den Weg nach Hause. Doch er hatte Angst. Wie würde sich der Vater verhalten?

MUSIK EINSPIELEN

5. Szene: Heimkehr

Als der Vater seinen Sohn kommen sah, lief er ihm entgegen. Er nahm ihn in die Arme und küsste ihn. So sehr freute er sich, dass sein Sohn wieder zurückgekommen war. Der Sohn aber schämte sich und sagte: „Vater, ich bin nicht mehr wert, dein Sohn zu heissen. Ich komme, um bei dir als Knecht zu arbeiten."
Doch der Vater antwortete: „Ich bin so glücklich, dass du heimgekehrt bist. Du bist und bleibst mein Sohn."
Den Knechten befahl er: „Bringt für meinen Sohn das beste Gewand und Schuhe! Wir wollen ein großes Fest feiern! Bereitet alles vor! Schlachtet das Mastkalb!" Der Vater schenkte seinem Sohn einen Ring und sie feierten ein fröhliches Fest.

MUSIK EINSPIELEN

6. Szene: Ich soll mitfeiern?

Als der ältere Sohn von der Feldarbeit zurückkam, hörte er das Singen und Tanzen. „Was ist denn hier los?", wollte er von einem der Knechte wissen. „Dein Bruder ist wieder da. Dein Vater ist so glücklich. Wir feiern ein Fest, weil dein Bruder wieder gesund zurück ist."
Der ältere Sohn wurde wütend. Er wollte nicht ins Haus gehen und mitfeiern. Da kam der Vater heraus und bat ihn: „Komm doch ins Haus! Freu dich doch mit und feiere mit uns!"
Der aber sagte nur vorwurfsvoll: „Ich habe all die Jahre für dich geschuftet und was war der Dank? Nicht einmal ein Essen mit meinen Freunden hast du für mich übriggehabt! Aber der da, dein Sohn, hat alles Geld verplempert und dafür wird er noch belohnt! Er kommt nach Hause und du veranstaltest für ihn ein Fest!"
Der Vater versucht es noch einmal: „Feier doch mit. Ich bitte dich! Dein Bruder war weit weg. Wie tot war er. Nun haben wir ihn wieder! Lebendig! Gott sei Dank. – Komm, freu dich mit und feiere mit uns!"

MUSIK EINSPIELEN

Szene: Erbteilung und Auszug

Szene: In der Fremde

Szene: Dem Sohn geht's schlecht

Szene: Heimkehr

Szene: Ich soll mitfeiern?

ZUR MITTE FINDEN –
AUS DER MITTE LEBEN

Biblischer Bezug: Bei dir ist die Quelle des Lebens. (Ps 36,10)

Technische Vorarbeiten

Korktafel DIN A1 bereitstellen.

Runde Scheiben, die die Taufeltern/Paten beim Vorbereitungsabend als Mandalas für ihre Kinder mit Naturmaterialien gestalten, vorbereiten. Dabei finden z.B. Verwendung:

- Bucheckern   – Wolle
- Blätter   – Federn
- Sand   – Samen
- Muscheln

Das Thema „Mandala" wird zunächst im Gespräch mit Eltern/Paten entfaltet (Aspekte...), dann zur Anregung ein Beispiel für ein Mandalabild aus Naturmaterialien vorgestellt.

Danach entwickeln die Eltern/Paten ihr ganz individuelles Mandala für ihr Kind auf der Basis von runden Karton- oder Sperrholzscheiben. Die fertigen Produkte (ca. 25 cm Ø) werden vorgestellt und gewürdigt.

Mit den Eltern wird verabredet, dass die Mandala-Bilder im Taufgottesdienst Verwendung finden.

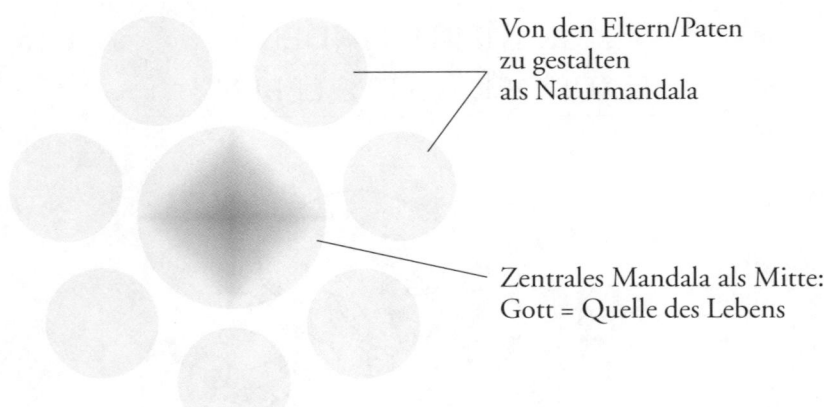

Von den Eltern/Paten
zu gestalten
als Naturmandala

Zentrales Mandala als Mitte:
Gott = Quelle des Lebens

Das zentrale Mandala wird im Gottesdienst von den Besuchern erarbeitet unter Verwendung von blauen Astern, die in einen entsprechend zugeschnittenen Steckschwamm gesteckt werden.

Die blaue Farbe der Astern und die blauen Bänder, mit denen später „Quelle" (= Mitte) und Mandalabild der Eltern/Täuflinge verbunden werden, sollen optisch die metaphorische Bedeutung dieser Mitte unterstreichen.

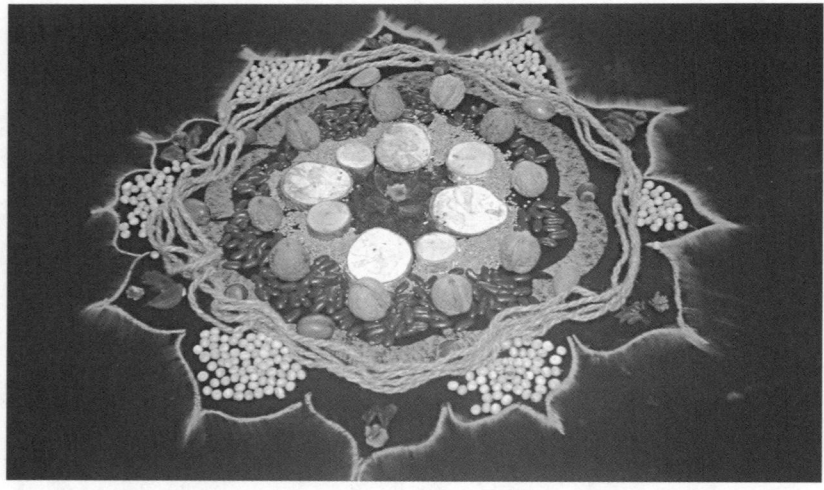

Taufgeschenk: Gerda und Rüdiger Maschwitz, Aus der Mitte malen – heilsame Mandalas. Anregungen für Kinder, Jugendliche und Erwachsene, Kösel, München 1996 (mit 20 Malvorlagen); auch: Die 20 Malvorlagen im 5er-Pack

Verlauf

Pastor/in   Herr Gott, lieber Vater,
            rund um die Erde und in allen Winkeln des
            Weltalls kennt man dich und sieht deine
            Wunder. Kinder, ja schon Säuglinge, sind
            Zeichen dafür, wie du das Leben liebst,
            damit auch den Bösen und den Gierigen
            klar wird: Nur bei dir ist das Leben in
            besten Händen.

Alle   Laudate…

P.   Wenn ich nachts nach oben sehe und
            das Firmament bestaune, deinen riesigen
            Himmel mit Mond und Sternen, mit
            Milchstraße und Sternschnuppen – alles
            stammt von dir! Was bin ich dann schon? So
            klein! So winzig! Ein Menschenkind! Und
            du denkst an mich?! Du hälst mich auch in
            deiner Hand? Ich soll dir dienen? Ich soll
            wirklich ein Zeichen von dir sein?

Alle   Laudate…

P.   Ich kleiner Mensch soll mithelfen, deine
            Erde zu bewahren? Mit allem, was dazu
            gehört: mit Schafen und Rindern, Ameisen
            und Elefanten, Vögeln und Fischen, Moosen
            und Felsen, Tälern und Bergen, mit Meeren
            und den Erdteilen?! Das ist wunderbar.
            Herrlich ist das!

Alle   Laudate…

P.   Lieber Gott,
       du machst das Leben hell und gut, und in
       der ganzen Welt sollen die Menschen davon
       singen.

Alle   Laudate …

*(Text: Peter Spangenberg, Höre meine Stimme. Die 150 Psalmen aus
der Bibel übertragen in die Sprache unserer Zeit, © Agentur des Rauhen
Hauses, Hamburg 1995, S. 17)*

GEBET

LIED

2. Wir reichen uns die Hände dann
   und können sicher sein:
   Fasst einer nur den andern an,
   ist keiner mehr allein.

3. Wir stehn nicht mehr alleine hier,
   und jeder spürt es bald:
   Auf beiden Seiten finden wir
   im andern unsern Halt.

*(Text: Rolf Krenzer, Musik: Detlev Jöcker, aus Buch, CD und MC: Viele
kleine Leute. Alle Rechte im Menschenkinder Verlag, 48157 Münster)*

Jede Taufe bereiten wir auf einem Tauf-Elternabend vor. Auf dem Tauf-Elternabend vor einer Woche haben wir darüber nachgedacht, wie Kinder das Leben der Eltern/der Familie verändern: Alles scheint sich um diese neue Mitte zu drehen (Zeit – Bereicherung – Verantwortung…).

Dem Bild der Mitte begegnen wir an vielen Stellen, auch in der Natur:
– Eine Blüte ist ein Mandala
– Die Jahresringe eines Baumes erinnern daran
– Die Sonne ist ein Mandala
– Ein Stein, der ins Wasser geworfen wird, zieht Kreise (= Mandala)
– Zelle (= Mandala)…

Alles sind Mandalas, sind Kreise, ja, der Kreis ist so etwas wie die Grundstruktur des Lebens. Alles Leben hat eine Mitte.

Das erste Mandala, das der Mensch in seinem Leben erblickt, ist die Warze der Mutterbrust.

Die Taufeltern haben über Mandalas nachgedacht und selbst Mandalas aus Naturmaterialien hergestellt. Sie wollten damit deutlich machen, dass sie und wie sie dem Leben ihres Kindes eine Mitte geben möchten. Aspekte der Bilder (*beispielhaft*):

Bild 1 – Von der Mitte strahlt etwas aus, das Pfaden oder Sicheln gleicht.
Bild 2 – Die Mitte soll markant und gut erkennbar sein.
Bild 3 – Herz
Bild 4 – Holz, das Wärme ausstrahlt.
Bild 5 – Was es alles im Herbst an Schönem gibt und geeignet ist, die Sinne des Kindes zu schärfen.
Bild 6 – Himmel und Erde verbinden sich zu einer Einheit.

Jedes dieser Mandalas ist ein eigenes Kunstwerk. Es ist einmalig wie die Kinder, denen die Mandalas gewidmet sind. Taufe bestätigt diese Einmaligkeit und Unverwechselbarkeit eines jeden Kindes, eines jeden Menschen.

ÜBERLEITENDE WORTE

Die Mitte ist noch frei. Sie wartet noch darauf, gefüllt zu werden. Wir wollen sie zusammen fertig stellen... (P. fordert Kinder und Erwachsene dazu auf, nach vorne zu kommen und die Mitte mit den blauen Astern zu füllen).

(Wenn das zentrale Kunstwerk, das Zentralmandala, fertig ist, wird dieses mit den Naturmandalas der Taufkinder mit blauen Bändern verbunden. Während dieser Zeit singt die Gemeinde ein oder mehrere Liedstrophen.)

LIED

„Gemeinsam hier in unserm Kreis..." (s.o.)

4. Fühl ich mich schwach und hoffnungslos,
   so halt ich dich doch fest.
   Wir werden stark, wenn einer bloß
   den andern nicht verlässt.

5. Wenn so ein Stück der Angst vergeht,
   weil jeder jeden schützt,
   dann weiß ich, dass ein Bund entsteht,
   der hält und der mich stützt.

6. Wenn immer mehr zusammengehn,
   ist keiner mehr allein.
   Der alte Bund kann so bestehn
   und neuer Anfang sein.

(Text: Rolf Krenzer, Musik: Detlev Jöcker, aus Buch, CD und MC: Viele kleine Leute. Alle Rechte im Menschenkinder Verlag, 48157 Münster)

DEUTUNG II

Leuchtend blau ist die Mitte unseres Bildes geworden. Das Blau, das die Mitte beherrscht, erinnert an das Blau einer Quelle. Das Blau in der Mitte erinnert an Gott, der für uns die Quelle des Lebens ist. Quellen beleben und erfrischen. Sie stillen Lebensdurst.

Gott ist wie eine Quelle, die nie versiegt (Verweis auf den Taufstein mit der Metaphorik der Quelle und des Brunnens). Die blauen Bänder, die von dieser Mitte hin zu den Taufmandalas führen, wollen zum Ausdruck bringen, dass auch die Täuflinge, aber nicht nur sie, von dieser Mitte leben. Amen.

TAUFTEIL	(s.o., Seite 12)
LIED	„Kind, du bist uns anvertraut…" (EG-RWL 596, EG-BT 576…, 1.3)
FÜRBITTEN	
VATERUNSER	
LIED	„Ins Wasser fällt ein Stein…" (EG-NB 603, EG-BT 645…, 1)
SEGEN	

EINE BRÜCKE
LASST UNS BAUEN

Leitendes Symbol: Brücke

Biblische Bezüge

Im wörtlichen Sinne kommt das Wort in der Bibel nicht vor, wohl aber in übertragener Bedeutung:

Das ist das Zeichen des Bundes, den ich geschlossen habe zwischen mir und euch und allem lebendigen Getier bei euch auf ewig: Meinen Bogen habe ich in die Wolken gesetzt; der soll das Zeichen sein des Bundes zwischen mir und der Erde… (Gen 9,12ff)

Jakob schaut die Himmelsleiter. (Gen 28,10ff)

Jakobs Kampf am Jabbok (Gen 32,23ff)

Vom verlorenen Sohn (Lk,11ff)

Jesus als Brücke (zu Gott / zu den Menschen / der Menschen untereinander)

Liturgische Zusammenhänge

EG-RWL 669, EG-BT 646... „Herr, gib mir Mut zum
                                    Brückenbauen..."
z.B. SL 216 „Eine Brücke lasst uns bauen..."
(s.o., Seiten 98 und 100) „Gemeinsam hier in unserm Kreis..."

Technische Vorarbeiten

Aus Karton sind konisch zulaufende
Bausteine zusammenzukleben, die im
Gottesdienst beschriftet werden
(„Was für das Leben unverzichtbar ist").
Ferner ist eine Schalung anzufertigen, die für die Zeit des
„Baus" der Brücke die einzelnen Bausteine trägt. Nachdem
der „Schlussstein" in die Brückenkonstruktion eingefügt worden ist, kann
diese Hilfskonstruktion entfernt werden – die Brücke trägt sich selbst!

Breit schreibende Stifte

Verlauf

VORSPIEL

BEGRÜSSUNG

LIED   „Lobet den Herren alle, die ihn ehren..."
            (EG 447, 1-3.6f)

EINGANGSWORTE

PSALM   Herr, unser Herrscher, wie herrlich ist dein Name
            in allen Landen.
            Dein Glanz strahlt aus dem Himmel über die Welt hin.
            Wenn Kinder dich anrufen,
            rühmen wir dein Werk und freuen uns deiner Größe.

            Wenn ich den Himmel sehe, das Werk deiner Finger,
            den Mond und die Sterne, die du geformt hast:
            Was ist der Mensch, dass du an ihn denkst,
            das Kind eines Menschen, dass du es lieb hast?
            Du hast ihm Würde gegeben.
            Mit Schönheit hast du ihn gekrönt.

Herr unser Herrscher, wie herrlich,
dass wir dich kennen.

(nach Psalm 8)

GEBET

ERZÄHLUNG   „Die Kinderbrücke" (s. M, Seite 108f)

LIED   „Herr, gib mir Mut zum Brücken bauen…"
(EG-RWL 669, EG-BT 646…,1ff)

ANSPRACHE   Wisst ihr noch, wie die Erzählung von der Kinderbrücke ausging?…

Es heißt am Ende: „Dann beschlossen sie – zusammen mit den Kindern – aus den übrig gebliebenen Steinen eine Brücke zu bauen, die sie zueinander führte. – So rund wie der Bogen, den die Sonne am Himmel beschreibt."
Brücken verbinden Ufer mit Ufer. Brücken überwinden Flüsse und Schluchten. Brücken überwinden Straßen und Schienen. Das ist die eine, vordergründige Seite.
Brücken haben aber auch eine hintergründige, eine symbolische Seite: Brücken verbinden – wie in der Geschichte – Menschen miteinander. Brücken sind Wege zueinander. Brücke sind Bilder für das, was uns verbindet.
Eine Brücke besteht aus vielen Steinen. Vieles kann *Baustein* sein, in der Brücke, die ins Leben führt.

Die Taufeltern haben darüber nachgedacht:
– Was ist wichtig und unverzichtbar für das Leben unserer Kinder.
– Welche Bausteine tragen die Lebensbrücke unserer Kinder? (Ein Beispiel zeigen, z.B. „Geborgenheit")

(P. fordert die Gemeinde auf, darüber nachzudenken, welche Bausteine für die Lebensbrücke fallen Ihnen/ euch denn ein? Was ist für das Leben und für das Leben der Täuflinge unverzichtbar?)

(Die Vorschläge der Gemeinde werden auf die schmalen Seiten der Steine geschrieben. Wenn mehrere Schreiber vorhanden sind, geht das Mitschreiben der Zurufe schneller. Danach werden die übrigen Steine, die die Eltern vorbereitet haben, vorgezeigt. Sodann werden die Steine zusammengebaut – mit Ausnahme des Schlusssteins –, der in die Mitte kommt.)

105

Mittelalterliche Kirchen haben in der Regel ein Gewölbe. Dieses Gewölbe wurde von unten nach oben über einer Schalung gemauert und zum Schluss ein Schlussstein eingesetzt. Er ist besonders wichtig; er trägt und hält das Ganze.

(P. setzt den „Schlussstein" mit der Aufschrift „Taufe" ein. Danach wird die Schalung entfernt.)

Der Schlussstein mit dem Wort „Taufe" trägt die Brücke. So wie der Stein wichtig für die Brücke ist, ist die Taufe grundlegend wichtig für das Leben der Täuflinge. Taufe bedeutet
– Gottes Ja und Liebe zu jedem Einzelnen
– Du bist ein Kind Gottes
– Du bist einmalig
– Deine Wege sind begleitete Wege.

Die Brücke zeigt uns, jeder und jedes ist wichtig. Jeder Teil hat seine Funktion.
Nehme ich einen Baustein heraus, so fällt das Ganze in sich zusammen.
Diese Brücke aus Liebe und Mut, aus Glaube und Selbstbewusstsein, aus Vertrauen, Frieden und Hoffnung, sie
– verbindet Menschen
– führt in die Zukunft
– überwindet Hass und Neid und dunkle Gedanken.
Amen.

LIED	„Wo ein Mensch Vertrauen gibt …" (EG-NB 604 …, 1-3)
TAUFTEIL	(s.o., Seite 12)
LIED	„Gott, der du alles Leben schufst …" (EG 211, 1-5)
FÜRBITTEN	Herr, unser Gott, wir danken dir, dass du uns in Jesus die Brücke der Liebe und des Friedens geschenkt hast. Er ist die starke Brücke, die uns über alle Abgründe des Lebens zu dir trägt. Lass uns nach seinem Beispiel Brückenbauer werden und Wege bahnen zu den Menschen, die du uns gabst.

Wir bitten dich für die Kinder, die heute getauft wurden: Sei ihnen eine starke Brücke, damit sie mit Zuversicht in eine glückliche Zukunft gehen können.

Herr, immer wieder brauchen wir Brücken, die uns über die Hindernisse und Abgründe des Lebens tragen. Wir bitten dich, gib uns Mut, Brücken zu bauen. Mache uns bereit durch ein verzeihendes Wort, Brücken zu bauen zu den Menschen, von denen wir uns entfernt haben.

Hilf uns, das Trennende zu überwinden, Misstrauen und Feindschaft zu überbrücken durch ein verstehendes Wort und eine entgegenkommende Tat.

Lass uns da, wo Brücken brechen, Brücken der Liebe, des Neuanfangs, schlagen. Gib uns den Mut zum ersten Schritt.

VATERUNSER

LIED   „Alle Kinder dieser Welt sind dein …“ (z.B. SL 88, 1f)

Eph. 2, 20 (EÜ)
(S Schlussstein

Die Kinderbrücke M

An einem Fluss wohnten zwei Bauern, der eine am rechten, der andere am linken Ufer.

Auf dem Wasser schwammen Enten und Schwäne. Sie freuten sich, dass die Sonne am Morgen auf und am Abend unterging.

Die Enten und Schwäne sonnten sich am Morgen am linken und am Abend am rechten Ufer.

Die beiden Bauern aber waren neidisch aufeinander. Der eine hätte lieber am rechten, der andere lieber am linken Ufer gewohnt.

Wenn sie morgens pflügten, schimpfte der eine, weil das Feld seines Nachbarn an der Sonne und sein eigenes im Schatten lag.

Und wenn sie abends Holz hackten, schimpfte der andere, weil das Haus seines Nachbarn an der Sonne und sein eigenes im Schatten lag.

Auch die Frauen der Bauern waren unzufrieden, die eine am Morgen, die andere am Abend.

Eines Morgens, als die beiden Frauen Wäsche aufhängten, schrie die eine, die am rechten Ufer wohnte, ein böses Wort zum linken Ufer hinüber.

Und am Abend, als die beiden Frauen die Wäsche abnahmen, gab die andere, die am linken Ufer wohnte, das böse Wort zurück.

Das ließen sich die Männer nicht gefallen. Sie sammelten große Steine und versuchten einander damit zu treffen. Doch der Fluss war so breit, dass die Steine ihr Ziel verfehlten und ins Wasser plumpsten.

Nur mittags, wenn die Sonne hoch am Himmel stand, herrschten Ruhe und Frieden. Die Kühe, die Pferde, die Ziegen und Schafe flüchteten sich in den Schatten, und die Bauern mit ihren Frauen schnarchten unter einem Apfelbaum, die einen am linken, die andern am rechten Ufer.

Die beiden Kinder der Bauern aber saßen am Wasser und langweilten sich. Das eine schaute zum linken, das andere zum rechten Ufer hinüber.

Wenn ich doch eine Ente wäre, dachte das eine. Wenn ich doch ein Schwan wäre, dachte das andere.

108

Doch eines schönen Tages, als die Kinder wieder an den Fluss kamen, war der Wasserspiegel gesunken, und aus dem Wasser ragten so viele große Steine, dass die Kinder darüber hüpfen konnten.

Sie trafen in der Mitte zusammen. Sie betrachteten sich lange und freuten sich, dass sie beide Kinder waren, das eine ein Junge und das andere ein Mädchen.

Sie setzten sich auf einen großen Stein. Sie betrachteten die Enten und die Schwäne. Doch dann fingen sie an, sich Geschichten zu erzählen, Geschichten vom linken und Geschichten vom rechten Ufer.

Das Mädchen und der Junge verstanden sich so gut, dass sie nun jeden Mittag über die Steine hüpften, um sich in der Mitte zu treffen.

Die Eltern wunderten sich, woher ihre Kinder plötzlich Dinge wussten, von denen sie selbst noch nie gehört hatten.

Doch eines Tages, nach einem langen Regen, hörten die Kinder auf, Geschichten zu erzählen. Sie hörten auf zu lachen und zu singen.

Das Wasser im Fluss war wieder angestiegen und die Kinderbrücke verschwunden.

Da erfuhren die Eltern endlich das Mittagsgeheimnis ihrer Kinder, und sie fingen an nachzudenken.

Und als sie lange genug nachgedacht hatten, beschlossen sie zusammen mit den Kindern, aus den übrig gebliebenen Steinen eine Brücke zu bauen.

Eine Brücke, so rund und schön wie der Bogen, den die Sonne am Himmel beschreibt.

(Max Bolliger, Die Kinderbrücke, bohem press, Zürich 1991)

EIN SCHIFF, DAS SICH GEMEINDE NENNT

Biblische Bezüge

Die Stillung des Sturmes (Mk 4,35ff) – s. auch Gen 6,14ff (Arche Noah – das Schiff als Schutzraum und bergender Ort)

Technische Vorarbeiten

Aus Verpackungsmaterial (Türblätter / TK-Schränke o.ä.) ist ein Schiffsmodell mit Rumpf, Kabinen, Mannschaft, Bullaugen, Mast, Segel, Anker zu bauen.

Verschiedene Gemeindegruppen (Senioren – Konfirmanden – Krabbelgruppe) werden gebeten, ihre Arbeit auf einem Plakatkarton (50 cm × 70 cm) möglichst einfach und anschaulich darzustellen. Die Gruppen„porträts" (=Kabinen) werden zunächst mit „Rollos" aus Wellpappe verdeckt und erst bei der späteren Vorstellung im Gottesdienst aufgedeckt.

Alle am Gottesdienst teilnehmenden Kinder erhalten kaschierte Bierdeckel und Malstifte, mit denen sie sich porträtieren können. Diese Selbstbildnisse werden im Laufe des Gottesdienstes auf das Schiff (= Mannschaft/Passagiere) aufgeklebt (Fotokleber oder Doppelklebeband).

Auf dem Taufelternabend stellen die Eltern/Paten Porträts (ca. kindskopfgroß) von ihrem (Paten)Kind her, die das Typische herausstellen. Name und Taufspruch werden hinzugefügt.

Geschenke für die Täuflinge: kleines Holzschiff

Verlauf

VORSPIEL

BEGRÜSSUNG

LIED   „Geh aus, mein Herz…" (EG 503, 1-3.14)

EINGANGSWORTE

PSALM

Herr, du kennst mich und hast mich lieb.

Ob ich sitze oder aufstehe, du weißt es;
du kennst alle meine Gedanken.
Wenn ich auf der Straße gehe oder in meinem
Bett liege,
du bist immer um mich und siehst alle meine Wege.

Herr, du kennst mich und hast mich lieb.

Jedes Wort, das ich spreche, hörst du, Herr.
Wenn ich über den Wolken im Flugzeug sitzen
oder mit einer Rakete zum Mars fliegen würde,
wärst du auch da.

Herr, du kennst mich und hast mich lieb.

Sogar die toten Menschen,
die auf dem Friedhof unter der Erde liegen,
sind nicht von dir getrennt; du hast sie in deiner Hand.

Herr, du kennst mich und hast mich lieb.

Wäre ich ganz weit weg im Osten der Erde,
wo das Morgenrot aufsteigt,
oder bliebe ich ganz weit im Westen, wo die Sonne
im Meer versinkt,
dann würde auch da deine Hand mich führen
und deine Liebe mich schützen.

Herr, du kennst mich und hast mich lieb.

Wenn es manchmal ganz dunkel ist
und ich nicht die eigene Hand vor Augen sehe,
wenn mich niemand sehen kann
und ich in meinem Zimmer allein bin;
du siehst mich doch; deine Augen sehen auch
in der Dunkelheit.

Herr, du kennst mich und hast mich lieb.

Ich danke dir, dass ich lebe und Mensch bin.
Ich freue mich, dass du mir nah bist und mich kennst.

(nach Psalm 139)

GEBET

LIED „Ein Schiff, das sich Gemeinde nennt…"
(EG-RWL 604, EG-BT 589…, 1f)

(Parallel zu diesem Lied werden die Porträts der Gottes-
dienstkinder am Schiff befestigt)

DAS GEMEINDESCHIFF (I)

Gruppen unserer Gemeinde stellen sich und ihre Arbeit
mit einem kleinen Porträt vor.

LIED „Ein Schiff, das sich Gemeinde nennt…" (Strophe 3)

TAUFTEIL (s.o., Seite 12)
Nach jeder Taufe wird das Porträt des jeweiligen
Täuflings in das Schiff eingefügt.

LIED „Ein Schiff, das sich Gemeinde nennt…" (Strophe 1)

DAS GEMEINDESCHIFF (II)

Ansprache (Aspekte):
– Wie das Schiff jetzt aussieht (noch schöner, abwechs-
lungsreicher, bunter …)
– Neue Passagiere haben unser Schiff bestiegen. Wir
begrüßen … (Namen der Täuflinge werden noch ein-
mal aufgerufen)
– Wenn wir uns umsehen, entdecken wir mancherlei:
– Wir sind nicht allein, treffen andere (Passagiere/
Mannschaft/Geschwister in Königsborn und in der
weiten Welt …)
– Seetüchtig und stabil ist das Schiff mit seinen
Kajüten und Aufbauten. Auch in stürmischen Zei-
ten bietet es Geborgenheit.
– Das Schiff ist unterwegs. Es verbindet Ufer und
Kontinente und Menschen.
– Steuermann ist Jesus (Bezug zur Taufe herstellen).
Auf Jesus vertrauen, der den Weg kennt, Vertrauen
stiftet und das Ziel kennt.
– Auf dem Schiff ist noch Platz – Gottes Einladung
gilt allen.

LIED   „Alle Kinder dieser Welt sind dein …" (z.B. SL 88)

FÜRBITTEN

VATERUNSER

LIED   „Bewahre uns, Gott, behüte uns, Gott …"
                (EG 171, 1-4)

AM BRUNNEN DES LEBENS

16

Biblische Bezüge

Jesus und die Samariterin am Brunnen (Joh 4)
Isaak und Rebekka (Gen 24)

Vorbereitung

– Brunnen und andere Requisiten besorgen bzw. herstellen (s. Foto)
– Spiel einüben
– Sprechstück proben
– Biblische Wasserworte (**M 1**)
  vorbereiten, die den Besuchern
  am Ende des Gottesdienstes
  gegeben werden können

Taufgeschenk:
Glaskrug mit Taufdaten

Verlauf

BEGRÜSSUNG

LIED   „Ich singe dir mit Herz und Mund..." (EG 324, 1f.4.13)

VORTRAG   (Sprecher A und B im Wechsel:
                „Brunnen in der Bibel")

Sprecher A   Wasser steht *uns* heute fast unbegrenzt zur Verfügung. Wir drehen den Wasserhahn auf (in der Küche, im Bad, im Keller) und schon fließt Wasser heraus, Wasser, so viel wir wollen.

Sprecher B   Früher war das alles viel mühsamer und weniger komfortabel. Wasser musste man von weither holen: aus Brunnen und Quellen. Das war auch in (Unna; *regionale Besonderheiten in Erfahrung bringen*) nicht anders.

A   Bis ins vorige Jahrhundert wurde Quell- und Brunnenwasser (aus dem „Haseloh" und dem „Bornekamp") durch Holz-, später Steinrohre in so genannte „Kümpe" geführt, aus denen es die Bürger schöpfen konnten.

B   Erst (1880) wurde (mit dem neuen Wasserwerk) ein Rohrnetz mit Hausanschlüssen verlegt.

A   Ob wir „modernen" Leute immer die lebenswichtige Bedeutung des Wassers einschätzen können?

B   In biblischer Zeit und in den heißen Ländern der Bibel war und ist Wasser ein ganz kostbares Gut.

A   An Brunnen wie diesem – oft am Rande des Dorfes oder außerhalb gelegen – kamen Menschen in der Kühle des Abends zusammen und schöpften das Leben stiftende Wasser:
                – Wasser zum Kochen und zum Backen

	– Wasser zur Körperpflege und zum Waschen
	– Wasser für Menschen, für Vieh und die Pflanzen
	Wasser, das den Durst stillt, das erfrischt und stärkt.
B	Der Brunnen war aber auch der Ort, wo sich Menschen begegneten, miteinander redeten, Neuigkeiten austauschten.
A	Brunnen waren Lebenszentren der Gemeinschaft und Stätten heilsamer Begegnung.
B	Am Brunnen nahmen sich Menschen Zeit füreinander, ruhten aus und tankten auf.
A	Viele biblische Geschichten spielen an Brunnen:
B	Am Brunnen findet Abrahams Knecht Rebekka, Isaaks zukünftige Frau (Gen 24).
A	Am Brunnen beginnt auch eine andere biblische Lovestory: Jakob sieht Rahel und verliebt sich in sie (Gen 29).
B	Am Brunnen ruht sich Mose auf seiner Flucht nach Midian aus und trifft hier seine spätere Frau Zippora (Ex 2,15).
A	Am Brunnen von Beersheba rastet Israel auf seinem Weg ins Gelobte Land (Lev 21,16).
B	Im Hohenlied der Liebe charakterisiert der Freund seine Geliebte so: „Ein Gartenbrunnen bist du, ein Brunnen lebendigen Wassers."
A	Für die messianische Zeit verheißt Gott: „Ich will Brunnen öffnen inmitten der Wüste und in der Steppe wachsen lassen Zedern und Ölbäume" (Jes 41,18).
B	Am Jakobsbrunnen bietet Jesus der Frau aus Samaria lebendiges Wasser an, Wasser, das den Lebensdurst stillt (Joh 4,6).

A Brunnen sind nicht nur in der Bibel Orte, wo Menschen aus Lebensquellen schöpfen, füreinander Zeit haben, sich erfrischen und stärken. Brunnen sind Symbole für die Kraftquellen der menschlichen Seele.

LIED „Wasser ist Leben" (SL 100, 1-3)

SPIELSZENE „Begegnung am Brunnen" (M2)

LIED „Wasser ist Leben" (SL 100, 4f)

ANSPRACHE (Aspekte)

– Die Frau braucht lange, bis sie begreift: „Lebendiges Wasser", damit meint der Mann nicht das Wasser aus der Tiefe des Brunnens. „Lebendiges Wasser" ist ein Bildwort – ein Bild für die frohe Botschaft Gottes – ein Bild für das neue Leben aus Gott.

– Dieses Wasser stillt unseren Durst, unsere Sehnsucht nach Liebe, Geborgenheit, Frieden, Vertrauen.

– Als die Frau das begriffen hat, sagt sie zu dem Fremden: „Einmal wird der Retter kommen, auf den alle sehnsüchtig warten. Er wird sein wie ein Brunnen und wie ‚lebendiges Wasser' – aber *(mit fragender Geste)* – wann wird er endlich kommen?"

– Da gibt sich Jesus zu erkennen: „Er ist schon da. Ich bin es! Das neue Leben hat schon begonnen – auch in dir. Ich bin Christus. Ich bringe neues Leben. Ich bin wie ein Brunnen und wie eine Quelle. Aus mir kannst du Gottes unendliche Liebe schöpfen."

– Das Taufbecken ist ja eigentlich auch ein Brunnen. Er weist uns auf die Quellen hin, aus denen sich unser Leben und das Leben der Täuflinge speist. Das Taufbecken ist Symbol für die guten Gaben des neuen Lebens, die Gott uns in der Taufe schenkt.

– Glauben und Glauben weitergeben ist wie Trinken aus einem tiefen Brunnen, ist Teilen und Weitergeben, was man selbst empfangen hat.

– Eltern, Paten und Säuglinge sind immer wieder eingeladen, aus dieser Quelle zu schöpfen und Wasser in die eigenen Lebenskrüge fließen zu lassen.

LIED	„Nehmt euch Krüge, greift nach Töpfen…" (oder entsprechende Lieder)
	(Kindergartenkinder tragen in Glaskrügen Wasser zum Taufbecken; in Thermoskannen vorher warm halten, verdeckt umfüllen.)
TAUFTEIL	(s.o., S. 12)
LIED	„Ins Wasser fällt ein Stein…" (EG-RWL 659, EG-NB 603…, 1–2; zwischen den Taufen)
FÜRBITTEN	
VATERUNSER	
SEGENSLIED	(z.B. „Bewahre uns Gott…", EG 171, 1-3)
SEGEN	
NACHSPIEL	

Ihr werdet mit
Freuden Wasser
schöpfen aus den
Brunnen des Heils
Jes 12,3

Er führt mich zum
frischen Wasser
Ps 23,2

Ich will
Wasser gießen
auf das Durstige
und Ströme
auf das Dürre
Jes 44,3

Ich will
reines Wasser
über euch gießen,
dass ihr rein werdet
Hes 36,25

Bei dir ist
die Quelle des
Lebens
Ps 36,10

Es ströme
aber das Recht
wie Wasser in
die Gerechtigkeit
wie ein nie
versiegender Bach
Am 5,24

Wer an mich
glaubt...,
von dessen Leib
werden Ströme
lebendigen Wassers
fließen
Joh 7,38

Wer von
dem Wasser
trinken wird,
das ich ihm gebe,
den wird in Ewigkeit
nicht dürsten
Joh 4,14

Ich will dem
Durstigen geben
von der Quelle des
lebendigen Wassers
umsonst
Offb 21,6

Wen dürstet,
der komme; und
wer da will, der
nehme das Wasser
des Lebens umsonst
Offb 22,17

Dem Herrn,
euerm Gott, sollt
ihr dienen, so wird
er dein Brot und dein
Wasser segnen, und
ich will alle Krank-
heit von dir wenden
Ex 23,25

Die Furcht
des Herrn ist eine
Quelle des Lebens
Spr 14,27

Gottes Brünnlein
hat Wasser in Fülle
Ps 65,10

Ich will
Wasserbäche
auf den Höhen öffnen
und Quellen mitten auf
den Feldern und will die
Wüste zu Wasserstellen
machen und das dürre
Land zu Wasserquellen
Jes 41,18

Wie der
Hirsch lechzt nach
frischem Wasser,
so schreit meine
Seele Gott zu dir
Ps 42,2

Wenn du durch
Wasser gehst, will
ich bei dir sein, dass
dich die Ströme
nicht ersäufen sollen
Jes 43,2

Gottes Geist
schwebte über
dem Wasser
Gen 1,2

Die
Worte in eines
Mannes Munde
sind wie tiefe Wasser
und die Quelle der
Weisheit ist ein
sprudelnder Bach
Spr 18,4

Du lässest
Wasser in den
Tälern quellen
Ps 104,10

Requisiten: Brunnen, Umhänge für die Akteure, Eimer, Wasserkrug

Personen	Regieanweisung	Text
Erzähler	*steht am Rande der Szene*	„Es ist Mittag im Heiligen Land. Unbarmherzig brennt die Sonne vom Himmel herab. Eine Frau mit einem Krug auf dem Kopf nähert sich dem 1000 Jahre alten Jakobsbrunnen."
	Frau geht zum Brunnen, stellt den Krug ab, wischt sich den Schweiß von der Stirn, schickt sich an, mit einem Schöpfgefäß Wasser aus dem Brunnen in ihren Krug zu füllen.	„Gerade will sie Wasser in ihren Krug füllen. Da sieht sie einen Fremden kommen."
	Fremder nähert sich mit müden Schritten dem Brunnen.	
Fremder	*(mit bittender Geste) zur Frau gewandt*	„Ich bin müde und durstig. – Gib mir bitte zu trinken!"
Frau	*überrascht*	„Du bittest mich um Wasser? – Du weißt doch, dass es sich für einen Mann nicht schickt, eine Frau anzusprechen und mit mir, einer Frau aus Samaria, darfst du als Jude doch erst recht nicht reden! Unsere Völker trennt seit vielen Jahrhunderten tiefe Feindschaft!"
	wendet sich von Jesus ab	

Personen	Regieanweisung	Text
Erzähler		„Dann sagt der Fremde etwas ganz Rätselhaftes:"
Jesus		„Wenn du wüsstest, wer ich bin, würdest du mich bitten, und ich würde dir ‚lebendiges Wasser' geben."
Frau	*(verwirrt) zu sich*	„‚Lebendiges Wasser' – das ist doch Quellwasser! Wie will er das aus der Tiefe schöpfen? Er hat doch gar kein Schöpfgefäß? Dann frage ich ihn direkt: ‚Hast du noch besseres, frischeres Quellwasser als das aus diesem alten Brunnen?'"
Jesus	*auf den Brunnen zeigend*	„Wenn du aus diesem Brunnen trinkst, wirst du wieder durstig. Wer aber von dem ‚quellfrischen Wasser' trinkt, das ich ihm gebe, der wird nie mehr durstig sein. Dieses Wasser wird in dir zu einer sprudelnden Quelle werden."
Frau	*nachdenklich*	„Ich ahnte: ‚Das lebendige Wasser' musste mehr sein als das Wasser, das man in Krüge füllen und das den Durst im Mund oder im Körper löscht. – Vielleicht ist ‚lebendiges Wasser' ja ein Bild-Wort – ein Bildwort für eine Quelle, die nie versiegt – ein Bildwort für neues Leben – ein Bildwort für Gott – ein Bildwort für Glück und Zufriedenheit. Das Gespräch mit dem Fremden tat mir gut. Es weckte neue Lebensgeister in mir."

Personen	Regieanweisung	Text
Erzähler	*Frau und Fremder entfernen sich*	„Ganz aufgeregt lief die Frau in die Stadt zurück. Sogar ihren Krug vergaß sie. Sie musste allen Leuten von ihrer Begegnung am Jakobsbrunnen erzählen:
		‚Kommt mit hinaus zum Brunnen! Ich glaube, der Fremde dort kommt von Gott. Vielleicht ist er der Messias, auf den wir schon so lange warten. Der Messias wird unseren Lebensdurst stillen.‘
		Der Fremde heißt Jesus. Jesus kommt von Gott. Jesus bringt das Wasser des Lebens. Er schenkt uns neues Leben."

DER REGENBOGENFISCH

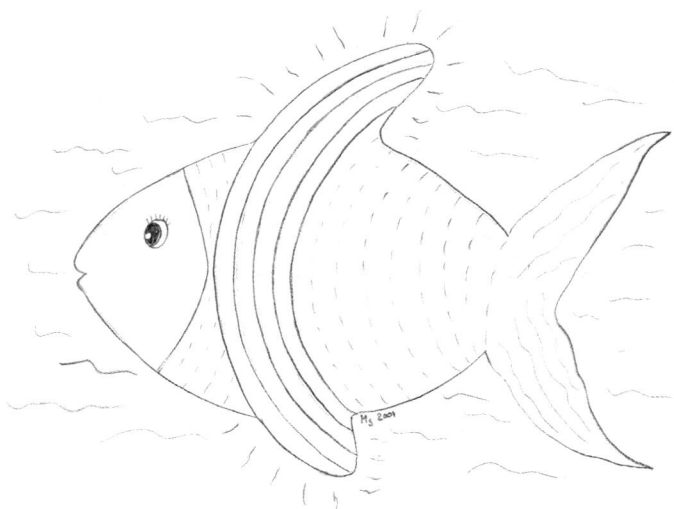

Leitmedium

Regenbogenfisch (im Anschluss an das Bilderbuch von M. Pfister, Der Regenbogenfisch, Nord-Süd-Verlag, Gossau 1992[11])

Biblische Bezüge: (mittelbar: Lk 19,1ff)

Zentrale Idee

Die Geschichte wird vorgelesen, parallel dazu spielen Kinder (vorher eingeübt) mit selbst gebastelten Stabpuppen (s.u.) die Geschichte.

Technische Vorarbeiten

1. Stabpuppen

Kinder malen auf die Rückseite von Regenbogenpapier die Umrisse der benötigten Fische auf (verschiedene Größen und Formen), schneiden diese aus und tackern sie auf Laternenstäben fest.

„Der Regenbogenfisch" wird mit „Glitzerschuppen" (Metallpapier) verziert. Diese werden (mit Fotoklebern o.Ä.) so befestigt, dass sie im Laufe des Spiels abgelöst und (verdeckt) den übrigen Fischen aufgeklebt werden können.

2. Kulisse

Die Kinder agieren mit ihren Flachpuppen *hinter* einem blauen Tuch (an einem Tisch befestigt, hinter dem die Kinder verschwinden) *vor* einer Meereskulisse, ca. 2 m × 3 m:

(Skizze 1)

Meereskulisse

Tuch / Tisch

(Skizze 2)

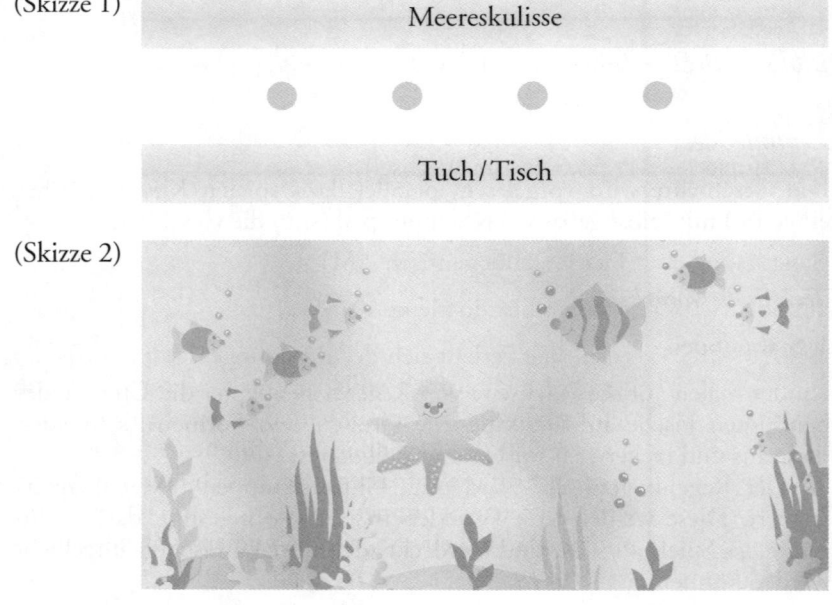

(Skizze 2)

Durch einen Teichstrahler o.Ä. treten die Farben besonders brillant hervor.

Taufgeschenk:

Nikituch (50 cm × 50 cm, blaue Seide) mit dem Motiv des Regenbogenfisches (Seidenmalfarben), ggf. Vorname des Taufkindes, Tauftag und -spruch.

Verlauf

VORSPIEL

BEGRÜSSUNG

LIED   „Geh' aus mein Herz…" (EG 503, 1-3)

EINGANGSWORTE

PSALMGEBET   Ps 36,6-10 (im Wechsel)

LIED   „Geh' aus mein Herz…" (EG 503, 8-13)

SPIELSZENE   „Der Regenbogenfisch" (**M**)

LIED   „Einsam bist du klein…" (SL 215)

DEUTUNG   Eigentlich verhält sich der Regenbogenfisch am Anfang der Geschichte doch völlig normal: Schön ist er – in den Farben des Fisches, in seinen glänzenden Schuppen spiegelt sich der Regenbogen. Schönheit muss gepflegt werden. Er muss aufpassen, dass er sich nicht stößt und seine schönen Schuppen verletzt. Dann ist es vorbei mit der Schönheit. So viel Schönheit will bewundert werden!

127

Doch: Sein Glück hängt offensichtlich allein an seinen schönen Schuppen. So ist er zum einsamen Egoisten geworden.

Mir fallen andere Regenbogenfische ein:

– Menschen, die nur an sich selber denken, die im Wohlstand leben und nicht zu teilen bereit sind. Manch einer ist darüber hochmütig und egoistisch, einsam und hart geworden – wie der Regenbogenfisch.

– Im Vergleich zu Menschen und Ländern der Dritten Welt sind wir alle ein wenig wie Regenbogenfische.

– Regenbogenfische sind auch Ehepaare, die keine Kinder wollen, weil sie Einschränkungen in ihrer Freizeit, in ihrer Freiheit, in ihrem Lebensstandard befürchten.

Der Rat des Oktopus verändert alle und alles (wir brauchen solche Oktopusse in dunklen Höhlen, mit wachen Sinnen).

Der Regenbogenfisch hätte auch selbst drauf kommen können, dass Teilen / Abgeben zwar äußerlich und materiell gesehen den Besitz schmälert, aber bezogen auf das Herz und die Gefühle reicher macht. Teilen und Abgeben erschließt neue Dimensionen und Erfahrungen. – Teilen und Abgeben lässt Freunde finden und Freundschaft erfahren.

Durch Teilen wird einem Glück zuteil. Liebe verdoppelt sich, indem man sie teilt. Glück verdoppelt sich, indem man davon abgibt.

Diese Erfahrungen machen auch Eltern. Es ist wohl wahr: Kinder kosten Zeit und Geld und häufig Nerven. – Irgendwo habe ich gelesen, bis zum 18. Lebensjahr kostet so ein Kind locker 800.000 DM und viele schlaflose Nächte. – Doch der Gewinn ist nicht nur das Lächeln eines Kindes, sein gleichmäßiges Atmen… (weitere Beispiele).

Ein zweiter Aspekt:

Ich möchte Sie als Eltern sehr ermutigen, das Wertesystem des veränderten Fisches an Ihre Kinder weiterzugeben. Es wird Ihnen helfen, nicht Egoisten zu erziehen, die hochmütig ständig die eigenen Schuppen putzen und bewundern, sondern soziale Wesen werden mit vielen Freunden, die ihrerseits etwas wissen vom Glück des Teilens.

Taufe geschieht auf den Namen Jesu. Jesus ist so etwas Ähnliches wie ein Oktopus. Er gibt nicht den Egoisten, den Hochmütigen, den Ellenbogenmenschen Recht, den Leuten auf der Überholspur des Lebens, sondern er weist sie auf völlig andere Lebensmaximen hin:

„Selig sind die Sanftmütigen, denn sie werden das Erdreich besitzen."

„... die Barmherzigen, denn sie werden Barmherzigkeit erlangen."

„... die Friedfertigen, denn sie werden Gottes Kinder heißen."

Helfen Sie Ihren Kindern dabei, Gottes Kinder zu werden und zu bleiben. Taufe legt dazu den Grundstein. Amen.

LIED	„Zieh den Kreis nicht zu klein..." (SL 220)
TAUFTEIL	(s.o., S. 12)
LIED	„Alle Kinder dieser Welt sind dein..." (SL 88)
FÜRBITTEN	
VATERUNSER	
SEGENSLIED	„Herr, wir bitten: Komm und segne uns ..." (EG-RWL 607, EG-BT 572..., nur Kehrvers, dreimal)
SEGEN	
NACHSPIEL	

Der Regenbogenfisch **M**

Weit draußen im Meer lebte ein Fisch. Doch kein gewöhnlicher Fisch, nein. Er war der allerschönste Fisch im ganzen Ozean. Sein Schuppenkleid schillerte in allen Regenbogenfarben. Die anderen Fische bewundern sein bunt schillerndes Schuppenkleid. Sie nannten ihn Regenbogenfisch.

„Komm, Regenbogenfisch! Komm spiel mit uns!" Aber der Regenbogenfisch glitt immer stumm und stolz an ihnen vorbei und ließ seine Schuppen glitzern.

Ein kleiner blauer Fisch schwamm hinter ihm her.

„Regenbogenfisch, Regenbogenfisch, warte auf mich! Gib mir doch eine deiner Glitzerschuppen. Sie sind wunderschön und du hast so viele."

„Dir soll ich eine meiner Schuppen schenken? Wo denkst du hin!", rief der Regenbogenfisch. „Mach, dass du fortkommst!"

Erschrocken schwamm der kleine blaue Fisch davon. Aufgeregt erzählte er seinen Freunden vom Erlebnis mit dem Regenbogenfisch. Von da an wollte keiner mehr etwas mit ihm zu tun haben. Sie kehrten sich ab, wenn er vorbeischwamm.

Was nutzten dem Regenbogenfisch nun seine herrlich glitzernden Schuppen, wenn sie von niemandem mehr bewundert wurden? Jetzt war er der einsamste Fisch im ganzen Ozean!

Eines Tages klagte er dem Seestern sein Leid. „Ich bin doch schön. Warum mag mich niemand?"

„In einer Höhle hinter dem Korallenriff wohnt der weise Tintenfisch Oktopus. Vielleicht kann er dir helfen", riet ihm der Seestern.

Der Regenbogenfisch fand die Höhle. Finster war es hier. Er konnte kaum etwas sehen. Doch plötzlich leuchteten ihm zwei Augen entgegen.

„Ich habe dich erwartet", sagte Oktopus mit tiefer Stimme. „Die Wellen haben mir deine Geschichte erzählt. Höre meinen Rat: Schenke jedem Fisch eine deiner Glitzerschuppen. Dann bist du zwar nicht mehr der schönste Fisch im Ozean, aber du wirst wieder fröhlich sein."

„Aber...", wollte der Regenbogenfisch noch sagen, doch da war Oktopus schon in einer dunklen Tintenwolke verschwunden.

Meine Schuppen verschenken? Meine schönen Glitzerschuppen? dachte der Regenbogenfisch entsetzt. Niemals! Nein. Wie könnte ich ohne sie glücklich sein?

Plötzlich spürte er einen leichten Flossenschlag neben sich. Der kleine blaue Fisch war wieder da!

„Regenbogenfisch, bitte, sei nicht böse. Gib mir doch eine kleine Glitzerschuppe."

Der Regenbogenfisch zögerte. Eine ganz, ganz kleine Glitzerschuppe, dachte er, na ja, die werde ich kaum vermissen.

Sorgfältig zupfte der Regenbogenfisch die kleinste Glitzerschuppe aus seinem Kleid. „Hier, die schenk ich dir! Doch nun lass mich in Ruhe!"

„Vielen, vielen Dank!", blubberte der kleine blaue Fisch übermütig. „Du bist lieb, Regenbogenfisch." Dem Regenbogenfisch wurde es ganz seltsam zu Mute. Er sah dem kleinen blauen Fisch mit seiner Glitzerschuppe lange nach, wie er so glücklich kreuz und quer durchs Wasser davonschwamm.

Der kleine blaue Fisch flitzte mit seiner Glitzerschuppe durchs Wasser. So dauerte es gar nicht lange, bis der Regenbogenfisch von anderen Fischen umringt war. Alle wollten eine Glitzerschuppe haben. Und siehe da, der Regenbogenfisch verteilte seine Schuppen links und rechts. Und er wurde dabei immer vergnügter. Je mehr es um ihn herum im Wasser glitzerte, desto wohler fühlte er sich unter den Fischen.

Schließlich blieb dem Regenbogenfisch nur noch eine einzige Glitzerschuppe. Alle anderen hatte er verschenkt! Und er war glücklich, glücklich wie nie zuvor!

„Komm, Regenbogenfisch, komm spiel mit uns!", riefen die anderen.

„Ich komme!", sagte der Regenbogenfisch und zog fröhlich mit den Fischen davon.

("Der Regenbogenfisch" von Marcus Pfister, © 1992, Nord-Süd-Verlag, Gossau-Zürich/Schweiz)

WIE MAUERN SCHMELZEN KÖNNEN

Leitmedium

Oscar Wilde, Der selbstsüchtige Riese, in: ders., Märchen und Erzählungen, aus dem Englischen übertragen von Josef Thanner, Artemis und Winkler, München 1987, Seite 167, © Artemis & Winkler Verlag, Düsseldorf/ Zürich.

Die Ursprungsfassung hat folgenden Inhalt:

„Ein Riese verbietet spielenden Kindern seinen lieblichen, blumenreichen Garten (‚Betreten bei Strafe verboten!‘). Da erlischt alles Leben und ewiger Winter breitet sich aus (Frost, Eis, Hagel, Schnee). Eines Tages aber singt ein Hänfling – die Kinder sind wieder da. Überall sitzen sie in den Bäumen. Sie waren durch ein Mauerloch gekrochen. Ein Kind aber ist zu klein, um in einen Baum zu kommen. Da schmilzt das Herz des Riesen. Er hilft dem Kind und bekommt dafür einen Kuss. Die Mauer wird eingerissen und der Garten ist für ewig Spielplatz der Kinder. Aber der kleine Junge bleibt verschwunden. Erst am eigenen Todestag sieht der Riese ihn wieder – mit den Wundmalen des Gekreuzigten an Händen und Füßen, mit den Wundmalen der Liebe."

Aus didaktischen Gründen haben wir uns für eine Kürzung und Vereinfachung der Erzählung entschieden, in der sich die Wandlung eines Menschen in naturhaften Prozessen symbolhaft spiegelt. Die Kürzung ist insbesondere zu Lasten des zweiten Teils mit seinen christologischen Bezügen gegangen. Diese erschienen uns in der vorliegenden Fassung zu komplex und für einen Familiengottesdienst nicht vermittelbar.

Vorarbeiten

– Einüben von einfachen Orff-Zwischenspielen

– Benötigte Requisiten

Bild 1: Der Garten mit den spielenden Kindern
- Pappmascheebaum oder größerer Ast, geschmückt mit 10–15 großen Blättern aus grünem Tonpapier sowie weißen und rosa Blüten aus Servietten
- Aufhängung der Blätter und Blüten mit Blumendraht
- dicke Holzscheiben liegen um den Baum herum
- auf Baumstümpfen stehen kleine Primeltöpfchen
- Frühlingswiese vor dem Baum lässt sich mit Regenbogentüll oder mit grünen Tüchern darstellen
- Abschluss des Gartens bilden 2 Zaunelemente, wie sie oft in Kindergärten zu finden sind

Bild 2: Mauern und Verbote
- Die Zäune werden mit „Mauertapete" behängt
- Verbotsschild „Betreten verboten" wird aufgestellt

Bild 3: Winter im Garten
- Weiße Seidentücher werden über die Äste des Baumes gehängt und verwandeln ihn so in einen Winterbaum (Blüten und Blätter sollen dabei unter dem Tuch verschwinden)

Bild 4: Der zu neuem Leben erwachende Garten
- Weiße Tücher werden entfernt
- „Mauertapete" verschwindet

Aufgabe der Eltern und Paten:
- Am Elternabend können kleine Blätter aus grünem Tonpapier ausgeschnitten werden und mit Name, Segenswunsch, Taufspruch, Taufdatum beschriftet werden.

- Am Tauftag werden diese Blätter mit einem frischblühenden Zweig oder einer frischen Blume (Osterglocke?) ver-

bunden (Draht) und von den Eltern und Paten nach den
Taufen in den Frühlingsbaum gehängt

Taufgeschenk: Frühjahrsblüher

Verlauf

VORSPIEL

BEGRÜSSUNG

LIED   „Wir wollen alle fröhlich sein …" (EG 100, 1f)

EINGANGSWORTE – GEBET

LIED   „Wir wollen alle fröhlich sein …" (EG 100, 4f)

BILDFOLGE   „Wie Mauern schmelzen können" (**M**)

LIED   „Du bist da, wo Menschen leben …" (SL 160)

DEUTUNG (ASPEKTE)

        – Das Märchen spiegelt Erfahrungen aus dem „richtigen Leben": Kinder, die toben und spielen, Räume erobern und Leben entdecken wollen – und die Erfahrung machen, dass manchmal „Riesen" das Glück stören: „Betreten verboten!", „Spielen verboten!", „Lachen verboten!" …

        Der Riese mit seiner größeren Stärke des Körpers als der des Gemüts – Die Natur trauert und „friert" mit (Pflanzen, Bäume, Blumen, Vögel).

        – Was Mauern durchlässig macht und das Herz des Riesen verwandelt: Das Spiel, die Lebendigkeit und Fröhlichkeit der Kinder – die Schönheit des Gartens und seine Geheimnisse – seine Sehnsucht nach Liebe – man kann das Leben nicht für sich allein haben / Freude und Glück mit anderen teilen.

        – Im Blick auf die Eltern: Was Kinder aufblühen lässt (Liebe und Zuwendung, Geborgenheit und Fürsorge, Heranwachsen in Freiheit).

        – Das Beispiel Jesu, der die Kinder zu sich ruft und sie den Erwachsenen als Bürger des Gottesreiches vor Augen stellt, sich ihre Sicht der Dinge zu eigen machen – die Welt als Garten und Spielraum für alle begreifen.

Lied	„Uns wird erzählt von Jesus Christ…" (nach der Melodie von EG 57)
TAUFTEIL	(s.o., S. 12)
FÜRBITTEN	
VATERUNSER	
SEGENSLIED	„Herr, wir bitten: Komm und segne uns…" (EG-RWL 607, EG-BT 572 …)

Wie Mauern schmelzen können **M**

Bild 1	An jedem Nachmittag, wenn die Kinder aus der Schule kamen, gingen sie in den Garten des Riesen und spielten dort. Es war ein großer, lieblicher Garten mit weichem, grünem Gras und schönen Blumen, die wie Sterne leuchteten. – „Wie glücklich sind wir doch!", riefen sie einander zu.
Bild 2	Eines Tages kam der Riese von einer Reise zurück. Als er die Kinder in seinem Garten spielen sah, rief er zornig: „Was macht ihr hier? – Das ist mein Garten! Ich erlaube niemandem, hier zu spielen!" Verängstigt liefen die Kinder weg.
	Der Riese baute eine mächtige Mauer um seinen Garten. Er stellte eine Tafel mit der Warnung auf: „BETRETEN BEI STRAFE VERBOTEN!"
	Der Riese war ein sehr eigensüchtiger Riese. Die Kinder hatten jetzt keinen Platz mehr, wo sie spielen konnten.
Orff	
Bild 3	Dann kam das Frühjahr. Überall leuchteten Blüten und die Vögel sangen. Nur in dem Garten des eigensüchtigen Riesen blieb es Winter. Die Vögel hatten keine Lust darin zu singen, weil keine Kinder da waren und die Bäume vergaßen zu blühen. Die Einzigen, die sich in dem winterlichen Garten wohl fühlten, waren Eis und Schnee und der raue Wind, der durch den Garten tobte.
	„Ich verstehe nicht, warum der Frühling überhaupt nicht kommen will", sagte der eigensüchtige Riese. Er saß am Fenster und sah auf seinen kalten, weißen Garten hinunter. „Ich hoffe, das Wetter ändert sich bald!" – Aber der Frühling kam nicht und auch nicht der Sommer. Der Herbst schenkte dem Garten keine Frucht. „Er ist zu eigensüchtig", sagte der Herbst. So blieb es immer Winter in dem Garten.
Orff	

Bild 4	Eines Morgens aber hörte der Riese eine leise, liebliche Musik. – Ein kleiner Vogel, ein Hänfling, saß vor seinem Fenster. Der Riese hatte so lange keinen Vogel mehr in seinem Garten singen hören, dass ihm sein Gezwitscher wie die schönste Musik der Welt erschien. „Ich glaube, der Frühling kommt endlich zurück", sagte der Riese. Er sprang aus dem Bett und schaute hinaus. Doch was sah er, als er in seinen Garten hinausschaute?

Durch ein kleines Loch in der Mauer waren die Kinder in den Garten zurückgekehrt. Auch die Bäume freuten sich an den Kindern. Sie ließen in ihrer Freude ihre Blätter und schönen Blüten wieder ausschlagen. Die Vögel stimmten ein Konzert an, die Blumen reckten ihre Köpfe empor – es war ein zauberhaftes Bild. Das Herz des Riesen schmolz, als er das sah und er sagte:

„Ich weiß, warum der Frühling nicht zu mir kommen wollte. Ich bin so selbstsüchtig gewesen, ich habe nur an mich gedacht. Ich will die Mauer wieder einreißen. Für immer soll mein Garten ein Spielplatz für die Kinder sein."

So kamen die Kinder jeden Tag in den Garten des Riesen. Sie spielten und tanzten und freuten sich über das geschmolzene Herz des Riesen und den wiedergewonnenen Garten.

(frei erzählt nach dem Märchen von Oscar Wilde, Der selbstsüchtige Riese)

GOTTES SPUREN
IN UNSEREM LEBEN

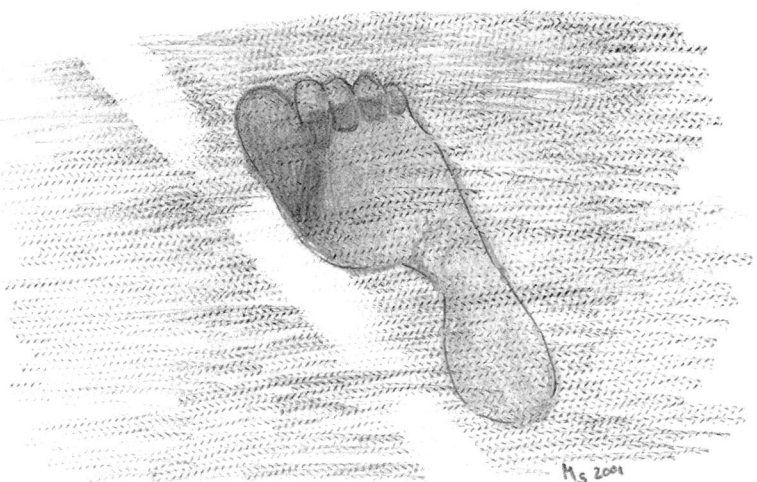

Zentrale Idee

Gottes Spuren in Bildern der Schöpfung oder im Leben von Menschen entdecken.

Biblischer Bezug: Schöpfungstexte

Vorarbeiten

Für Taufelternabend breites Sortiment von Bildern bereitstellen, die „Spuren"-Situationen zeigen.

– Geeignete „Spuren"-Bilder auswählen und davon Folien/Dias anfertigen (lassen)
– TP/OHP und Leinwand besorgen

Mögliche Farbbildmotive enthalten u.a. folgende Titel:

– K. Brockhausen, Es ist alles gesagt, K. Brockhausen, Northeim 1986
– S. Naegeli, Hoffnung hat viele Leben, Herder, Freiburg u.a. 1991
  (z.B. S. 43: Pusteblumen, S. 59: Regenbogen, S. 32: Tautropfen auf Blättern)

– A. Salomon, Und wir in seinen Händen, Kreuz, Stuttgart 1974[3]?
(z.B. S. 129: Spinnennetz, S. 41: Libelle, S. 138: Blütenstand einer Lilie)

Die Gedanken und Assoziationen der Eltern und Paten aus dem Taufelternabend fanden Eingang in die Texte, die die Bilder begleiteten.

Taufgeschenk

Kleines Fotoalbum, DIN A6, (alternativ: Leporello) von den Eltern auf dem Taufelternabend hergestellt. Die Materialien (farbige Wellpappe, Schmuckband, farbigen Karton...) stellt die Gemeinde zur Verfügung.
    Das Büchlein enthielt u.a. das von den Eltern vorbereitete erste Blatt (Foto des Kindes, Taufspruch als Kalligramm...) sowie eine Postkarte mit dem Text „Fußspuren im Sand" (in: Segen empfangen, Vandenhoeck & Ruprecht, Göttingen 2000[3], S. 36; Bezugsquelle für die Postkarte: Brunnen-Verlag, Kawohl).

Zur Gestaltung weiterer Seiten lagen bereit:
– Gebete
– Liedtexte
– Gedichte

Eltern wählten individuell aus und gestalteten damit ein weiteres Blatt / weitere Blätter. Zusätzliche Seiten konnten später gefüllt werden mit
– Fotos vom Tauftag
– Foto Taufkirche
– Programm des Taufgottesdienstes

Verlauf

VORSPIEL

BEGRÜSSUNG UND ERSTE GEDANKEN ZUM THEMA

LIED	„Geh aus, mein Herz, und suche Freud..." (EG 503, 1-3.8)
BILDFOLGE	„Spurensuche" (mit TP/OHP und Bildfolien; s. **M**)
LIED	„Wir haben Gottes Spuren festgestellt..." (EG-RWL 648, 1-3)

– Erinnerung an die zuvor gesehenen Bilder

– Was den Bildern gemeinsam ist: Sie zeugen vom Leben, prallem, unverwechselbarem Leben, Leben, das uns staunen lässt. Leben, das wir nicht gemacht und nicht in der Hand haben. Leben, das uns geschenkt wird. – Tag für Tag, jeden Tag neu.

– Manche Menschen sagen: „Ein kleiner Mensch – das ist ein biologischer Organismus aus Haut und Knochen, Organen und Systemen, Genen und Venen", andere, z.B. Sie als Eltern, sagen: „Mein Kind ist ein *Wunder*, einmalig und unverwechselbar."

– Taufe sagt uns: „Jeder Mensch ist ein Ebenbild Gottes – eine Spur, die Gott in Ihr Leben als Väter und Mütter eingezeichnet hat, eine besonders charmante, einladende, liebevolle und staunenswerte Spur."

– Kinder sind Zeichen Gottes in unserem Leben.

– Transfer zu der Geschichte „Spuren"
(nach Walter Ruf)

„Der alte Mann aus Afrika hieß Daniel.
Er glaubte an Gott.
Jemand wollte sich über ihn lustig machen.
Er fragte:
Woher weißt du, Daniel, dass es einen Gott gibt?

Daniel antwortete:
Woher weiß ich, ob ein Mensch oder ein Hund
oder ein Esel nachts um meine Hütte gegangen ist?
An den Spuren im Sand sehe ich es.
Auch an meinem Leben sind Spuren eingedrückt,
Spuren Gottes."

– Es ist wohl wahr: Gott kann man nicht sehen, wohl aber die Spuren und Zeichen, die er täglich – für sehende Augen – in unsere Welt und in den Sand unseres Lebens einzeichnet, – in die filigranen Wunder der Schöpfung und in das Gesicht und Herz der kleinen Menschenkinder.

– „Spuren Gottes" steht für das Gefühl:
... ich bin diesem Gott unendlich wertvoll *und*: Mein Leben begleitet er in hellen und dunklen Tagen.

... Spuren Gottes sind die Eltern, die auf Zeit Verantwortung tragen, solchem schutzbedürftigen Menschenkind ins Leben verhelfen und ihm die Welt vertraut machen.

... die Geschichten der Bibel (Beispiele nennen), all diese Geschichten sind Leuchtspuren, die Hoffnung zum Leuchten bringen.

– Jesus, die Spur Gottes in dieser Welt

LIED	„Wir haben Gottes Spuren festgestellt..." (EG-RWL 648, EG 648..., 1)
TAUFTEIL	(s.o., S. 12)
LIED	„Kind, du bist uns anvertraut..." (EG-RWL 596, EG-BT 576..., 1.3)
TAUFERINNERUNG	
FÜRBITTEN	
VATERUNSER	
LIED	„Der Himmel geht über allen auf..." (EG-RWL 611, EG-NB 588...)
SEGEN	
NACHSPIEL	

Spurensuche

Folie	Motiv	Text
		„Lassen Sie sich zur Spurensuche einladen. Sie sehen Bilder, die Staunenswertes enthalten und Sie hören Gedanken, wie Taufeltern und Paten zu den Bildern gekommen sind. Bilder und Texte wollen Sie zu eigenen Gedanken anregen."
Nr. 1	Pusteblumen	„Eine Wiese im Frühjahr, von der Sonne beschienen. Puste-Blumen – herrliches Spiel der Kinder, zu pusten und die kleinen Fallschirme fliegen zu lassen. Wer hat es nicht selbst probiert und Freude dabei empfunden? Immer wieder jedes Jahr aufs Neue, eine Wiese voller Blumen und mit ihr Gedanken an das Leben, Leben in der Schöpfung Gottes, Leben eingebettet in den Wechsel der Jahre und Jahreszeiten."
Nr. 2	Schmetterling	„Ein Schmetterling, wunderschön gezeichnet. Mit seinen dunklen Flügeln, den weißen Farbtupfern und roten Ringen hebt er sich ab von dem gelben Blütenkorb der Sonnenblume. Wie zart er ist und zerbrechlich. Federleicht erhebt er sich und flattert davon. Welch eine Leichtigkeit des Seins, welch eine Freiheit des Lebens. Und doch ist auch er dem Wind ausgesetzt, mag es ihn hierhin und dorthin treiben, braucht er Orientierung und Schutz."

Folie	Motiv	Text
Nr. 3	Spinnennetz	„Gott, ich staune: Lauter Wunder hast du für uns ausgedacht. Sag, wie hast du das gemacht? So mögen Sie fragen, dieses kunstvolle Spinnennetz vor Augen. Wie Perlenschnüre glänzen die Tautropfen der Nacht im Gegenlicht des frühen Morgens. Ein wunderschönes Bild für den Menschen, der hinsieht und nicht achtlos weitereilt. Eine Kostbarkeit, die eindrücklich ist und fasziniert. Aber auch ein zwiespältiges Bild. Diese herrlichen Perlenschnüre können Leben bedrohen, sogar vernichten, sie können zur Falle werden, dem, der sich darin verfängt. Leben ist nicht frei von Gefahren. Manches, was herrlich glänzt und fasziniert, kann zum Netz werden, das bindet und nicht mehr loslässt."
Nr. 4	Fußabdruck eines Säuglings	„Ein Kind wird geboren. Tritt ins Leben. Ist da. Will versorgt und behütet werden. Braucht Liebe und Zuwendung. Ein Kind verändert Leben. Aus Frau und Mann werden Mutter und Vater, werden Eltern. Sprache nimmt Veränderung wahr, von der Sie, liebe Eltern und Paten, erzählt haben. Der Lebensrhythmus wird neu, der Alltag muss anders geplant und gestaltet werden. Ein Kind ist ein kleines Wunder, wächst heran, wird eigene Schritte gehen, erst zaghaft an der Hand der Eltern, dann immer selbstständiger. Wird Fragen stellen: Stimmt es, dass die Erde rund ist? Papa sagt, dass sie sich dreht! Warum rutscht man dann nicht runter, wenn man grade unten steht? Warum fließen Wasserfälle unaufhörlich Tag und Nacht? Großer Gott, ich kann's nicht fassen, wie du das hast werden lassen, wie du alles hast gemacht. Wir können das Staunen wieder lernen an unseren Kindern und mit ihnen gemeinsam Spuren Gottes entdecken in unserem Leben."

FÜNF BROTE
UND ZWEI FISCHE

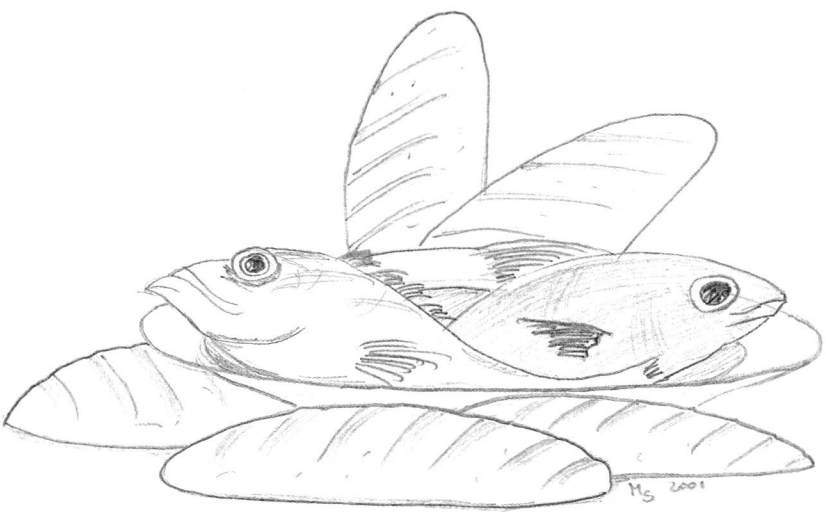

Biblischer Bezug

Die Speisung der Fünftausend (Mk 6,32-44)

Leitmedium

Hungertuch „Die Speisung der Fünftausend" nach dem Wandgemälde von Josué Sánchéz in der Kirche von Chomgos Alto/Peru. Das Tuch (130 cm × 160 cm, vierfarbiger Stoffdruck auf Baumwollgewebe) ist bei „Brot für die Welt" vergriffen, jedoch noch in vielen kreiskirchlichen Mediotheken entleihbar.

Vorbereitung

– Hungertuch (s.o.) besorgen
– Gottesdienstbesucher werden (Infos über Zeitung / Taufelternabend / Mundpropaganda…) gebeten, etwas Ess- und Teilbares mitzubringen
– Rekorder und Kassette mit den Liedern „Wir teilen die Äpfel aus…" und „Wir wünschen, Herr, dass jedes Kind…" bereitlegen (MC „Fünf Brote und zwei Fische. Kinder beatmesse", tvd, Düsseldorf o.J., Seite B)

Taufgeschenk

Puzzle mit dem Motiv des Hungertuches, 20 cm × 30 cm, in Auftrag geben

Verlauf

VORSPIEL

BEGRÜSSUNG

LIED   „Ich singe dir mit Herz und Mund…" (EG 324, 1.2.8)

BILDBETRACHTUNG
                        „Die Speisung der Fünftausend – ein Hungertuch aus
                        Peru" (mit TP/OHP beleuchten)

EINLEITENDE FLÖTENIMPROVISATION

GESPRÄCH   „Was wir sehen – was auf dem Bild geschieht"
                        (mit Kindern und Erwachsenen)

                        Aspekte:
                        Biblische Szene ist ins Hochland von Peru eingebettet –
                        Jesus / Jünger / Festgäste sehen aus / sind gekleidet wie
                        Indios.

                        Menschen, Erwachsene und Kinder – festliche Klei-
                        dung – Musikanten, die zum Fest aufspielen – Männer,
                        die etwas austeilen – Eine Person unterscheidet sich von
                        den anderen…

                        Der Festplatz: die Welt
                        Durch Teilen (Brote und Fische) werden alle satt.
                        Was man noch teilen kann:
                        Zeit – Geduld – Farben – Wärme – Spiele – Liebe…

LIED   „Brich mit dem Hungrigen dein Brot…" (EG 420, 1-3)

DIALOGERZÄHLUNG
                        „Andreas und Sarah erinnern sich" (M)

LIED ZUM ZUHÖREN
                        „Fünf Brote und zwei Fische" von der gleichnamigen
                        MC (s.o.)

AKTION 1   „Schätze" abgeben – das von den Gottesdienst-
besuchern Mitgebrachte wird in Körben eingesammelt.
Dazu Zwischenmusik „Wir teilen die Äpfel aus...",
Str. 1 + 2 (s.o.).

AKTION 2   „Schätze" teilen – Die eingesammelten Lebensmittel
werden bankweise neu verteilt und verzehrt.

LIED

2. Wir teilen Freude und Leid,
   wir teilen Bett und Kleid,
   wir teilen das letzte Stück,
   wir teilen Trauer und Glück.

                     3. Wir teilen Hunger und Not,
                       wir teilen Wasser und Brot,
                       wir teilen das letzte Stück,
                       wir teilen Trauer und Glück.

4. Wir teilen Erde und Meer,
   uns fällt das Teilen so schwer,
   wir teilen das letzte Stück,
   wir teilen Trauer und Glück.

*(Text: Wilhelm Willms, Musik: Oskar Gottlieb Blarr, aus: „Fünf Brote
und zwei Fische", 1977; alle Rechte im tvd-Verlag, Düsseldorf)*

TAUFTEIL   (s.o., S. 12)

LIED   „Alle Kinder dieser Welt sind dein" (SL 88)

1. Wir wünschen, Herr, dass jedes Kind auf der Welt, dass jedes Kind lachen kann, wir wir singen diesen Wunsch bis er sich erfüllt, bis er sich erfüllt, bis er sich erfüllt für euch und auch für uns!

2. Wir wünschen, Herr, dass jeder Mensch auf der Welt,
   dass jeder Mensch Freude hat,
   Wir singen diesen Wunsch,
   bis er sich erfüllt für euch und auch für uns.

3. Wir wünschen, Herr, dass jedes Volk auf der Welt,
   dass jedes Volk Frieden hat,
   Wir singen diesen Wunsch,
   bis er sich erfüllt für euch und auch für uns.

(Text: Hans-Jürgen Netz, Musik: Christoph Lehmann, aus: „Fünf Brote und zwei Fische", 1977; alle Rechte im tvd-Verlag, Düsseldorf)

VATERUNSER

SEGENSLIED   „Bewahre uns, Gott…" (EG 171, 1-3)

SEGEN

NACHSPIEL

Andreas	„Schalom, Sahra!"
Sahra	„Schalom, Andreas! Was machst du denn hier?"
Andreas	„Ich wollte einmal wieder mein Dorf besuchen, meine Eltern, Geschwister und Freunde."
Sahra	„Du warst lange fort! Ich habe dich nicht mehr gesehen, seit Jesus hier bei uns am See war. Erinnerst du dich noch?"
Andreas	„Natürlich! Diese Geschichte hat mich nie wieder losgelassen. Deswegen bin ich auch fortgegangen und ich habe noch vieles dazugelernt in den vergangenen Jahren."
Sahra	„Erzähle mir davon – bitte!"
Andreas	„Angefangen hat es, als die vielen Leute durch unser Dorf kamen und erzählten, dass dieser Jesus von Nazareth bei uns in der Nähe, am See Genezareth, sei und sie zu ihm wollten."
Sahra	„Das ganze Dorf war auf den Beinen, Kleine und Große. Ich fand das sehr aufregend, denn sonst durften wir Kinder ja meist nicht mit."
Andreas	„Ja, und als wir ankamen, hatte sich schon eine riesige Menschenmenge auf der Wiese am Ufer des Sees angesammelt. Ich habe mich ziemlich weit nach vorne durchgedrängt. Dort konnte ich alles gut sehen und hören."
Sahra	„Ich sah, wie Jesus aufstand und zu reden begann. Sogar ich habe viel verstanden von dem, was er uns sagte. Ich erinnere mich, dass es ganz still war – trotz der vielen Menschen."
Andreas	„Ich hatte alles um mich herum vergessen. So hatte noch kein Schriftgelehrter zu uns geredet, so klar und eindeutig."
Sahra	„Erst als die Männer, die Jesus begleiteten, zu ihm traten, bemerkte ich, dass die Sonne unterging. Ich wurde ganz traurig, nun würden wir sicher sofort nach Hause gehen

müssen. Ich war schrecklich hungrig und wir hatten keinen Vorrat an Essen mitgebracht und für uns Kinder war Schlafenszeit."

Andreas	„Die Männer besprachen etwas mit Jesus. Sie waren etwas unruhig, so schien es mir. Dann schickte Jesus sie in die Menschenmenge."
Sahra	„Einer kam auch zu uns und fragte, ob wir etwas zu essen hätten, was wir ihnen geben könnten."
Andreas	„Zu mir kam auch einer. Ich hatte fünf Brote und zwei Fische. Die wollte ich eigentlich verkaufen. Ich gab sie dem Jünger. Nun hatte ich nichts mehr."
Sahra	„Ich fragte mich, was Jesus wohl mit diesen Broten und Fischen tun würde."
Andreas	„Dann schickte er die Jünger wieder aus. Sie baten uns, uns zu Tischgemeinschaften zusammenzusetzen. Ich kannte die Menschen nicht, mit denen ich zusammensaß. Jeder dachte, wie sollen diese vielen tausend Menschen wohl von fünf Broten und zwei Fischen satt werden?"
Sahra	„Das dachte ich auch, als Jesus das Brot nahm, das Dankgebet sprach, das Brot in Stücke brach und es an die Jünger verteilte."
Andreas	„Das Gleiche tat er auch mit den Fischen und die Jünger gingen damit zu den Menschen."
Sahra	„Es war merkwürdig still, als das geschah. Wir blickten einander an und dann habe ich meine beiden getrockneten Feigen in die Mitte gelegt. Meine Mutter holte einige kleine Äpfel hervor, der Vater die Reste seines Proviants für den Arbeitstag. So legten alle zusammen, was sie noch hatten. Dann teilten wir die Dinge, die dort lagen und jeder nahm so viel, wie er benötigte – auch die, die gar nichts hatten geben können."
Andreas	„So war es auch bei uns am Tisch. Es blieb sogar noch etwas Brot übrig. Erinnerst du dich, die Jünger gingen von Tischgemeinschaft zu Tischgemeinschaft und sammelten die Reste ein."
Sahra	„Für mich war das wie ein Wunder: Mit fünf Broten und zwei Fischen wurden wir alle satt, weil wir auch das kleinste, unscheinbarste Stückchen Brot miteinander geteilt hatten."

Geschenk- und Erinnerungsbände

Hans Freudenberg
Segen empfangen
Meine Konfirmation
in Bildern und Texten
3., neubearbeitete Auflage 2000.
60 Seiten, durchgehend
vierfarbig, gebunden
ISBN 3-525-63303-3

Konfirmation bedeutet „Segen empfangen". Gottes guter Segen für den Lebensweg ist ein Geschenk – wie das Leben selbst.
Das neu bearbeitete und gestaltete Geschenkalbum für Konfirmandinnen und Konfirmanden bietet Gelegenheit, Erinnerungen und Erfahrungen von einem besonderen Tag festzuhalten.
Texte und Bilder laden ein, Spuren des Segens für das eigene Leben zu entdecken. Darüber hinaus finden sich zahlreiche Möglichkeiten zur eigenen Gestaltung.
So wird aus dem Buch ein individuelles Erinnerungsalbum, das man immer wieder gern zur Hand nehmen wird.

Hans Freudenberg
Taufe – Wasser zum Leben
Ein Erinnerungs- und Gestaltungsbuch
2. Auflage 1993. 60 Seiten mit
21 z.T. farbigen Abbildungen
und 3 Liedern, gebunden
ISBN 3-525-63356-4

Dieses Erinnerungsbuch erschließt das Thema Taufe durch Meditationen, Texte, Lieder, Gedichte und Hinweise zur Gestaltung der häuslichen Feier. Persönliche Eintragungen und Fotos zur Taufe können in dem Band eingefügt werden. Das Buch lädt zum Entdecken, Gestalten und Erinnern ein.

Vandenhoeck
& Ruprecht

Dienst am Wort

Die Reihe für Gottesdienst und Gemeindearbeit

92: Detlev Block

Erde, atme auf

Geistliche Lieder
2001. 160 Seiten, kartoniert
ISBN 3-525-59356-2

Geistliche Liedtexte für die Gestaltung von Gottesdiensten sowie zur privaten Lektüre.

91: Hans-Helmar Auel /
Bernhard Giesecke

Bibel im Kirchenlied

Eine Konkordanz zum Evangelischen Gesangbuch
2001. 156 Seiten, kartoniert
ISBN 3-525-59355-4

Diese Konkordanz versucht, eine Brücke zu schlagen zwischen den Liedern unseres Evangelischen Gesangbuches und den Büchern der Bibel.

90: Werner Milstein

Zum Wort kommen

Hinführungen zu den gottesdienstlichen Lesungen im Kirchenjahr
2000. 159 Seiten, kartoniert
ISBN 3-525-59354-6

Die Hinführungen zu den alt- und neutestamentlichen Lesungen für alle Sonn- und Feiertage des Kirchenjahres wollen ein „verständnisvolles" Hören der Lesungen ermöglichen.

89: Hans-Helmar Auel (Hg.)

Unentdeckte Feiertage

Das Kirchenjahr als Fest des Glaubens
2000. 176 Seiten, kartoniert
ISBN 3-525-59353-8

Liturgische Entwürfe und Gottesdienstmodelle zu Epiphanias, Trinitatis, der Karwoche, zu Johannes und Michaelis, aber auch zu „kleineren" Feiertagen wollen Gemeinden anregen, das Kirchenjahr als Reigen des Feierns neu zu entdecken.

88: Henning Ziebritzki

Traugottesdienste gestalten

2000. 159 Seiten, kartoniert
ISBN 3-525-59352-X

Der Band bietet umfassende Materialien zur Vorbereitung und Gestaltung des konkreten Traugottesdienstes.

V&R
Vandenhoeck
& Ruprecht